Heinrich Müller

Untersuchungen über die Bewegung der Criminalität

in ihrem Zusammenhang mit den wirtschaftlichen Verhältnissen

Heinrich Müller

Untersuchungen über die Bewegung der Criminalität
in ihrem Zusammenhang mit den wirtschaftlichen Verhältnissen

ISBN/EAN: 9783743488052

Hergestellt in Europa, USA, Kanada, Australien, Japan

Cover: Foto ©Suzi / pixelio.de

Manufactured and distributed by brebook publishing software (www.brebook.com)

Heinrich Müller

Untersuchungen über die Bewegung der Criminalität

UNTERSUCHUNGEN
ÜBER DIE
BEWEGUNG DER CRIMINALITÄT
IN IHREM ZUSAMMENHANG
MIT DEN
WIRTSCHAFTLICHEN VERHÄLTNISSEN.

INAUGURAL-DISSERTATION

VERFASST UND

DER HOHEN PHILOSOPHISCHEN FACULTÄT

DER

VEREINIGTEN FRIEDRICHS-UNIVERSITÄT
HALLE-WITTENBERG

ZUR ERLANGUNG

DER PHILOSOPHISCHEN DOCTORWÜRDE

VORGELEGT VON

HEINRICH MÜLLER
AUS LOCKSTEDT (PROV. SACHSEN).

HALLE A. S.
HOFBUCHDRUCKEREI VON C. A. KAEMMERER & CO.
1899.

Oft hört man heute das bekannte Klagelied über die Verderbtheit der Zeit; wohin das Auge blickt, nichts als durchsetzte, morsche Zustände, laxe sittliche Anschauungen in der weiten Gesellschaft wie im engeren Familienkreise. Im Ton der Überzeugung wird dann das Lied auf die „gute, alte Zeit" angestimmt. Der Pessimist erklärt, man brauche nur die Verbrechertabellen anzusehen, ihr teilweise rapides Steigen zu beachten, um ein Urteil über die stets schlechter werdende Menschheit zu gewinnen. Dem Nationalökonomen genügt aber diese Thatsache allein nicht, um im Pausch und Bogen eine vernichtende Kritik über das sinkende moralische Gefühl zu fällen. Er weiss, dass man zu einem richtigen Urteil hierüber erst gelangen kann, wenn man sich über die Ursachen dieser Verschlechterung im Klaren ist. Deshalb sucht er vor allen Dingen nach den Gründen, die den äusseren Unterschied von „Einst" und „Jetzt" hervorrufen konnten. An der Hand der Geschichte, gestützt auf Erfahrungen und insbesondere mit Berücksichtigung aller Einflüsse von aussen her muss man die Criminalität bis auf die Gegenwart in all' ihren Phasen und Schwankungen beobachten; dann erst entrollt sich den Blicken ein richtiges, natürliches Bild.

Diesem Zweck soll auch die vorliegende Arbeit dienen und vorwiegend eine Betrachtung enthalten über die in der Litteratur mehrfach aufgeworfene Fragen nach dem Einfluss der jeweiligen Getreidepreise auf die Bewegung der Criminalität, deren Bedeutung nach dieser Richtung hin von vielen Schriftstellern, namentlich früherer Zeiten, als hervorragend gekennzeichnet und auch hier und da, wenn auch seltener, heute noch als vorhanden angesehen wird. Im Gegensatz hierzu wird vorliegende Abhandlung versuchen, den Nachweis zu erbringen, dass diese Anschauung heute über Bord zu werfen ist. Im Laufe der Erörterungen wird sich zeigen, dass mit der Zeit die jeweilige Lage des Erwerbslebens, das grössere oder geringere Mass der Arbeitsgelegenheit, die Blüte des gesamten wirtschaftlichen Lebens und auf der anderen Seite die Stockungen desselben, die Geschäftskrisen allmählich weit bedeutungsvoller wurden für die Zu- oder Abnahme des Verbrechertums als ein Steigen oder Fallen der Getreidepreise, und dass in der Gegenwart diese Faktoren die volkswirtschaftliche Bedeutung der Getreidepreise im hervorgehobenen Sinne auf ein Minimum herabgedrückt haben.

In zweiter Linie wird der Zunahme des Alkoholismus und dessen Einwirkung auf die Criminalität zu gedenken sein, und schliesslich wollen wir uns auch an die Frage heranwagen, ob ein Vergleich der sittlichen Zustände von heute und früher, speciell beurteilt nach dem Gange der Criminalität, zu Gunsten oder Ungunsten der Gegenwart ausfällt.

Die Untersuchungen werden sich vor allem auf die Bewegung der preussischen Criminalität erstrecken, an geeigneten Orten aber auch das Verbrechertum Englands, Frankreichs und Österreichs zu einem Vergleich heranziehen.

Ehe wir auf das eigentliche Thema eingehen: die Bewegung der Criminalität in ihrem Zusammenhang mit den wirtschaftlichen Verhältnissen, müssen in Ansehung der preussischen Criminalität einige rein äusserliche Ursachen in ihrer Bedeutung für die Zu- oder Abnahme des Verbrechertums gewürdigt werden; man kann sie kurz in die Worte zusammenfassen; die Veränderungen und Ergänzungen in der Statistik, in der Behördenorganisation und in der Strafgesetzgebung in ihrem Einfluss auf die Zu- oder Abnahme der Criminalität.

Die Statistik.

Eine ernste Schule war für das deutsche Volk die Napoleonische Knechtschaft gewesen; aus dumpfer Verzweiflung hatten sich die Gemüter zu heller Begeisterung aufgeschwungen, und eine grosse Opferwilligkeit des gesamten Volkes ging Hand in Hand mit der neu entflammten Vaterlandsliebe. Der Reiche gab seinen Luxus und seine Behaglichkeit hin, der Arme legte gern seine geringen Wertgegenstände auf den Altar des Vaterlandes. Ganz sonderbar klingt es da, wenn kaum 10 Jahre nach einer solchen gewaltigen nationalen Erhebung, wo die Herzen jedes unreinen Gefühls entkleidet zu sein scheinen, der Polizeirat Merker in seinen Beiträgen zur Erleichterung des Gelingens der praktischen Polizei von grossen Räuberbanden spricht (Starke, „Verbrechen und Verbrecher", S. 42), die ihr Netz über ganze Provinzen Preussens ausgespannt hatten. Diesen vielleicht übertriebenen Schwarzsehereien gegenüber, die ein düsteres Bild über das Verbrechertum Preussens und seine Zunahme enthalten, schreibt im Jahre 1836 der Justizminister Mühler in einem an den König erstatteten Generalbericht (v. Kamptz, „Jahrbücher für die preussische Gesetzgebung etc.", Bd. 49, Anhang S. 108): „Soviel ist gewiss, dass die nach den eingereichteten Listen und Übersichten zunehmende Anzahl der Untersuchungen die Annahme, dass auch eine gleiche Vermehrung der Verbrechen stattfinde, noch keineswegs rechtfertigt. In früheren Jahren hat man zuvörderst auf die Tabellen wenig Wert gelegt, sie sind daher, wie viele Unterbehörden eingestehen, höchst mangelhaft geführt."

Es gab also, wie man hieraus ersieht, schon zu Beginn dieses Jahrhunderts Beamte, die eine genügende Statistik vermissten und es betonten, dass aus diesem Grunde von einem richtigen Überblick über das Wesen und den Umfang des Verbrechertums nicht die Rede sein könne. Es liegt auf der Hand, dass mit dieser Erkenntnis und der infolge davon gesteigerten Sorgfalt bei der Aufstellung tabellarischer Übersichten die Criminalziffern naturgemäss anwachsen mussten. Seit der durch den Justizminister Mühler gegebenen Anregung verliefen indes noch nahezu zwei Jahrzehnte, bevor man von Seiten der Behörden der Criminalstatistik die verdiente Aufmerksamkeit zuwandte. Allerdings wurden inzwischen mehrere Privatarbeiten criminalstatistischen Inhalts veröffentlicht, doch behandeln sie nur kurze aus dem Zusammenhang herausgerissene Jahre und sind deswegen nicht geeignet, über den Verlauf des preussischen Verbrechertums ein zuverlässiges Bild abzugeben.

Im Jahre 1854 beginnen im Justizministerialblatt zwei amtliche Statistiken zu erscheinen. Die eine beschränkt sich auf die Wirksamkeit der preussischen Schwurgerichte, die zweite bringt Nachweisungen über die gesamte Criminalität Preussens und ist enthalten in den statistischen Mitteilungen über die Geschäftsverwaltung der Justizbehörden. Ihrer Vollständigkeit halber eignet die letztere sich in erster Linie zu einer Unterlage, auf Grund deren ein Einblick in das Wesen und den Gang der preussischen Criminalität sich gewinnen lässt. 1878 erscheinen diese statistischen Erhebungen zum letzten Male. Inzwischen wurde 1869 eine dritte einschlägige Statistik ins Leben gerufen und dann bis zur Gegenwart fortgeführt: Die Statistik der zum Ressort des Ministeriums des Innern gehörigen Straf- und Gefangenen-Anstalten. Diese an und für sich recht brauchbare Statistik wird jedoch, da es bei vorliegender Arbeit darauf ankommt, so weit wie möglich die Criminalität rückwärts zu verfolgen, nicht zur Verwendung gelangen.

Anfangs der achtziger Jahre erschien die auf der einheitlichen deutschen Strafgesetzgebung von 1871 und der Gerichtsorganisation von 1879 beruhende Criminalstatistik von Starke: Die Ergebnisse der Strafrechtspflege im Königreich Preussen u. s. w. während des Jahres 1881; 1882 setzte auf diesem Gebiete eine ganz neue Epoche ein. Dass vom Staate der Wert einer umfassenden und ausführlichen Statistik immer mehr anerkannt wurde, davon zeugte der Beschluss des Bundesrates vom 5. Dezember 1881, auf Grund dessen von 1882 an für das ganze deutsche Reichsgebiet eine einheitliche Criminalstatistik vom Reichsjustizamt und dem kaiserl. Statistischen Amt bearbeitet wird.

Die Statistik in den Mitteilungen über die Geschäftsverwaltung der preussischen Justizbehörden und der Reichskriminalstatistik werden das Material für die nachfolgenden Erörterungen liefern. Sie unterscheiden sich jedoch in einigen Punkten wesentlich, worauf besonders Bedacht genommen werden muss. Die preussische Statistik notiert die jährlich neu eingeleiteten Untersuchungen, die Reichskriminalstatistik die rechtskräftig abgeurteilten Handlungen und Personen. Der Überschuss, der sich bei der ersteren naturgemäss ergiebt, bleibt indessen alljährlich ziemlich derselbe. Auf 100 eingeleitete Untersuchungen kommen im allgemeinen nach den Feststellungen von Starke durchschnittlich 84 Verurteilungen; die Schwankungen bewegen sich in dem langen Zeitraum 1854—1878 nur zwischen 82 und 88. Bei einzelnen Arten von Delikten, namentlich bei den Schwurgerichtssachen, ist der Prozentsatz der Verurteilungen allerdings geringer, aber es hat sich gezeigt, dass auch bei solchen Delikten wie vorsätzlicher Brandstiftung, Meineid, betrügerischem Bankerott mit 30—40 Proz. der Freisprechungen das Zahlenverhältnis zwischen Verurteilungen und Freisprechungen im allgemeinen konstant ist. Alle die Fälle, wo eine Verurteilung nicht erfolgt, sind demnach bei der preussischen Statistik einbegriffen, bei der deutschen Criminalstatistik hingegen ausgeschieden. Dieser Unterschied darf bei einer Vergleichung der preussischen Criminalität während der letzten Jahrzehnte nicht übersehen werden. Ausserdem ist das Beobachtungsfeld bei beiden Statistiken ein verschiedenes. Die erstere beschränkt sich auf die acht alten Provinzen Preussen, Posen, Pommern, Schlesien, Brandenburg, Sachsen, Westfalen und Rheinprovinz ohne Berücksichtigung der 1864 und 1866 neu gewonnenen Landesteile, die letztere umfasst die einzelnen deutschen Bundesstaaten in ihrem heutigen Bestande.

Ein Beweis, wie die heutige Institution der Reichscriminalstatistik nicht allein bei uns, sondern auch im Auslande geschätzt wird, liegt darin, dass sie zum Vorbilde für ähnliche Einrichtungen fremder Staaten, so namentlich für Italien geworden ist.

Es leuchtet ein, dass mit einer solchen Vervollkommnung der Statistik ein immer grösserer Prozentsatz der Criminalfälle öffentlich bekannt geworden ist. Die Summe, um welche die Criminalziffern lediglich auf Grund einer allmählichen Entwicklung der Tabellen seit der Mitte dieses Jahrhunderts angewachsen sind, lassen sich allerdings zahlenmässig nicht feststellen, nicht einmal schätzen. Allein man darf überzeugt sein, dass die Zunahme der Verbrechen in diesem Jahrhundert, auf welche als Zeichen für die Verderbtheit der heutigen Zeit so gern hingewiesen wird, hierin zu einem gewissen Teile seine natürliche Erklärung findet.

Ein zweiter Faktor, der in gleichem, wenn nicht verstärktem Masse unsere Aufmerksamkeit erheischt, ist in Preussen:

Die Reorganisation der Justiz- und Polizeibehörden.

Nicht auf den Mangel einer einheitlichen und gründlichen Statistik allein kann es zurückgeführt werden, wenn über die Criminalität Preussens bis in die Mitte dieses Jahrhunderts ein zutreffendes Bild sich nicht erzielen lässt. Vor allen Dingen würde auch die Ungleichheit, mit welcher seitens der Polizeibehörden das Unrecht verfolgt und seitens der Justizbehörden dann beurteilt wurde, einer solchen Betrachtung unüberwindliche Schwierigkeiten entgegensetzen. Zutreffend schildert der Justizminister Mühler im Jahre 1836 (vgl. v. Kamptz „Jahrbücher etc." Bd. 49, Anhang S. 108) die Thätigkeit der damaligen Justiz- und Polizeibehörden und ihre Bedeutung für die Bewegung der Criminalität mit den Worten: „Es liegt zu Tage, wie sehr ausser anderen Zufälligkeiten Thätigkeit und Eifer der richterlichen und Polizei-Beamten die Zahl der Untersuchungen vermehren, bei entgegengesetzten Verhältnissen also vermindern muss. Ausserdem kommt in Betracht, dass eine Menge von Delikten, namentlich kleinere Diebstähle, unerlaubte Selbsthülfe und Widersetzlichkeiten, ja selbst gröbere Verbrechen, die jetzt die Zahl der gerichtlichen Untersuchungen bedeutend vermehren, früher missbräuchlich ohne alles Verfahren von Rentbeamten, Dorfschulzen, Gutsherren und Magistraten abgemacht wurden und dass in neuerer Zeit Vieles als Vergehen und Kontravention denunziert wird, was man früher als unschädlich so hingehen liess, wenn nicht sogar dazu aufforderte."

Auf diesem Gebiete wurde aber nach und nach mit einer durchgreifenden Reorganisation der Behörden völlig Wandel geschaffen. Der Anfangspunkt dieser Reform lag bereits in der Stein-Hardenberg'ischen Gesetzgebung. Der schon im achtzehnten Jahrhundert im wesentlichen wenn auch meist nur in der Theorie anerkannte Grundsatz der Trennung von Justiz und Verwaltung wurde nunmehr schärfer und prinzipieller durchgeführt. Insbesondere brach sich um die Mitte des Jahrhunderts die Anschauung Bahn, dass die Gerichtsbarkeit allein dem Staat zustehen dürfe. Die Folge war die Aufhebung der Guts- und Privatgerichtsbarkeit, welche seit Jahrhunderten die Besitzer bestimmter Güter über die Gutseingesessenen für sich in Anspruch nahmen und die 1848 im grossen und ganzen ein Ende fand. Der Staat nahm die Rechtsprechung in die Hand und schuf damit die Grundlage und Garantie für eine gleichmässige Handhabung der Justiz. Wesentlich verstärkt wurde dann die hierin allein schon liegende Anregung für die Entfaltung richterlicher Wirksamkeit durch die Einsetzung einer besonderen Anklagebehörde, der Staatsanwaltschaft.

Die gleichzeitigen Bestrebungen für eine Reorganisation der Polizeibehörden hatten jedoch 1848 keinen nachhaltigen Erfolg. Auch die Versuche, auf Grund des Gesetzes vom 11. März 1850 die Polizei neu zu organisieren, verliefen im Sande. Zwei volle Jahrzehnte noch blieb die Ausübung der polizeilichen Funktionen im Gegensatz zu den richterlichen auf dem glatten Lande eine Befugnis der Patrimonialherren. Allerdings ist anzuerkennen, dass das Institut der Staatsanwaltschaft als vorgesetzte Behörde viel dazu beitrug, die Thätigkeit und den Eifer dieser Polizeibehörden bei der Verfolgung des Verbrechens zu erhöhen. Neues Leben kam jedoch erst in ihre Wirksamkeit, als schliesslich durch die Kreis-Ordnung vom 13. Dezember 1872 der Grundsatz zur Durchführung gebracht wurde, dass auch die Ausübung der Polizei als ein spezifisches Recht des Staates aufzufassen sei. Das Gesetz legte die polizeilichen Verrichtungen in die Hände besonderer Organe, welche dieselbe nunmehr im Namen und Auftrage des Staates wahrzunehmen haben. Die kleinen Reste der alten gutsherrlichen Befugnisse, die sich trotz allen gesetzlichen Bestimmungen noch bis Ende der siebziger Jahre hier und da erhalten hatten, beseitigte das deutsche Gerichtsverfassungsgesetz vom 27. Januar 1877.

Hat die Statistik mit der Zeit einen vorurteilsfreien Überblick über die gesamte Criminalität ermöglicht, hat ferner die Reorganisation der Justiz- und Polizeibehörden, die im Jahre 1879 im grossen und ganzen ihren Abschluss erhielt und wesentliche Änderungen später nicht mehr aufweist, eine immer regere Verfolgung des Verbrechens im Gefolge gehabt, so bedarf ein drittes Moment, auf dessen Veränderungen und Ergänzungen gleichfalls ein gewisser, vielleicht nicht unbedeutender Prozentsatz in der Zunahme der Criminalität anzurechnen ist, in nicht geringerem Masse einer genaueren Beachtung. Dieses ist die:

Strafrechtliche Gesetzgebung.

Zweierlei ist hierbei auseinanderzuhalten; Strafrecht und Strafprozess.

Als ein grosser Fortschritt wurde es allenthalben begrüsst, als es nach jahrelangen Bemühungen gelang, die strafrechtlichen casuistischen Bestimmungen des Preuss. Allg. Landrechts durch das auf moderner Grundlage beruhende preussische Strafgesetzbuch vom 14. April 1851 abzulösen. Dieses Gesetzbuch, an dem man die knappe, scharfe Umschreibung der allgemeinen Verbrechensbegriffe wie der einzelnen Thatbestände, die einfache, klare und bestimmte Sprache rühmt, lässt in seinen Grundzügen deutlich den Einfluss der rheinischen Juristen erkennen; in den Bestimmungen über Versuch und Teilnahme, über Strafsystem und über die Dreiteilung der Delikte in Verbrechen, Vergehen und Übertretungen steht es vollständig unter dem Banne des Code pénal. Aber trotz aller Vorzüge war dem preussischen Strafgesetzbuch kein langes Leben beschieden. Es musste den Zeitverhältnissen Rechnung tragen. Die Umwälzungen auf politischem Gebiete, der Länderzuwachs Preussens, die Entstehung des norddeutschen Bundes und schliesslich die Gründung des deutschen Reiches liessen die verschiedenen gesetzlichen Normen der Partikularstaaten übel empfinden und erweckten auf diesem Gebiete ein starkes Bedürfnis nach einheitlicher Gestaltung. Aus diesen Bestrebungen ging das Strafgesetzbuch für den norddeutschen Bund vom 31. Mai 1870 und ein Jahr später das deutsche Reichsstrafgesetzbuch hervor.

Im grossen und ganzen sind die Bestimmungen dieses Gesetzbuches aus dem preussischen Strafgesetzbuch von 1851 übernommen worden. In einigen Punkten jedoch finden sich wesentliche Abweichungen, die bei einer vergleichenden Betrachtung der Criminalität Preussens vor und nach dem 1. Januar 1871, dem Zeitpunkt für das Inkrafttreten des neuen Strafgesetzbuches, nicht übersehen werden dürfen. Die wenigen wichtigeren Änderungen sind:

1. Unbefugte Rückkehr ausgewiesener Personen, Landstreicherei, Arbeitsscheu und qualifiziertes Betteln zählen nach dem früheren preussischen Strafgesetzbuch (Tit. VI p. 115—120) zu den Vergehen wider die öffentliche Ordnung, nach dem Reichsstrafgesetzbuch zu den Übertretungen (Abschnitt XXIX).

2. Beleidigung der Kammern, politischer Körperschaften, öffentlicher Behörden und öffentlicher Beamten gelten nach dem preussischen Strafgesetzbuch als Vergehen wider die öffentliche Ordnung (Tit. VI §. 103 ff.), gehören aber nach dem Reichsstrafgesetzbuch in den 14. Abschnitt, der von den Beleidigungen handelt.

3. Eine Anzahl von Delikten, die das Reichsstrafgesetzbuch zu den Verbrechen und Vergehen wider die öffentliche Ordnung rechnet, unterlagen früher einer anderen Auffassung:

a) Hausfriedensbruch galt teils als Vergehen gegen die persönliche Freiheit, teils als Übertretung;
b) Landfriedensbruch als Vermögensbeschädigung;
c) Landzwang als Verbrechen wider die persönliche Freiheit;
d) Verletzung von Hoheitszeichen als Widerstand gegen die Staatsgewalt;

e) Arrestbruch als strafbarer Eigennutz;

f) Unterlassung der rechtzeitigen Anzeige von dem Vorhaben gewisser, im § 139 des Reichsgesetzbuches aufgezählter Verbrechen war früher kein selbständiges Delikt, fiel vielmehr unter den allgemeinen Begriff der Teilnahme;

g) ähnliche Bestimmungen, wie die über die Verletzung der vom Kaiser erlassenen Verordnungen zur Verhütung von Seeunfällen (§ 145 R. St. G. B.), finden sich im preussischen Strafgesetzbuch überhaupt nicht.

Weit schärfer noch tritt der Einfluss der veränderten Gesetzgebung in einigen anderen Punkten z. B. bei den Verbrechen und Vergehen wider die Sittlichkeit hervor. Die Zahl dieser Delikte ging 1871 gegenüber dem Vorjahre um mehr als die Hälfte herab. Hieraus aber ohne weiteres die Schlussfolgerung zu ziehen, dass die Zustände auf dem Gebiete des sittlichen Lebens eine auch nur annähernd gleiche Besserung wie die Criminalzahlen erfahren hätten, wäre grundfalsch. Mögen sie besser oder schlechter geworden sein, es lässt sich in diesem Falle nicht feststellen; jedenfalls kann aus dem, wenn auch rapiden Rückgang der eingeleiteten Delikte nichts gefolgert werden. Die Ursache für den Rückschlag ist zum weitaus grössten Teil, vielleicht ausschliesslich in der Änderung der betreffenden Gesetzesbestimmungen zu suchen. Nach dem preussischen Strafgesetzbuch hatte die Staatsanwaltschaft bei der Verfolgung der Sittlichkeitsdelikte vollkommen freie Hand; ihrem Einschreiten stand von keiner Seite her ein Hindernis entgegen. Das Reichstrafgesetzbuch fügte als notwendiges Erfordernis für das Eingreifen der Anklage- und Justizbehörden hinzu, dass die verletzte Person bezw. ihr gesetzlicher Vertreter im Einverständnis mit einer Bestrafung des Verbrechers sein musste und solches durch die Stellung eines besonderen Strafantrages dokumentierte. War dieser nicht zu erbringen, so ging der Verbrecher frei aus.

Als man im Laufe der Jahre einsah, dass das Gesetz in diesem Punkte wieder verbesserungsbedürftig sei und das Requisit des Strafantrages in den schwersten Fällen der Sittlichkeitsdelikte — §§ 176 und 177 R. St. G. B. — durch die Novelle zum Strafgesetzbuch vom 26. Februar 1876 abermals in Wegfall brachte, lieferte das sofortige starke Anschwellen der Criminalzahlen von neuem einen zahlenmässigen Beleg für die grosse Bedeutung, die oftmals Änderungen in der Gesetzgebung hinsichtlich der Schwankungen in dem Verbrechensregister eines Volkes beizulegen ist.

Eine ähnliche Erscheinung kehrt in etwas schwächerem Masse bei den Vergehen wider die persönliche Freiheit wieder. Die Beseitigung des Antragserfordernisses durch die genannte Novelle von 1876 brachte auch hier die Zahl der Criminalfälle mit einem Schlage auf eine Höhe, die mit den bisherigen Wahrnehmungen nicht im Einklange stand. Bei dem einfachen Betruge wurde das Antragserfordernis zwar nicht gänzlich gestrichen, aber sehr beschränkt; auch hier nahmen die Criminalzahlen in auffallender Weise zu.

Überhaupt ist die Novelle vom 26. Februar 1876 für sämtliche Antragsdelikte insofern von Wichtigkeit, als sie im allgemeinen die Unwiderruflichkeit des Strafantrages als Regel aufstellte, ausserdem aber auch noch mehrere ganz neue Verbrechensthatbestände ins Leben rief, die zum Teil in besonderen Vorfällen ihren Ursprung hatten z. B. § 49a („Duchesne-Paragraph") und § 353a („Arnim-Paragraph").

Einzelne Umgestaltungen und Ergänzungen sind auch nach dieser wichtigen Novelle bis in die Gegenwart im Reichsstrafgesetzbuch vorgenommen worden. Jedoch abgesehen von der Einfügung der §§ 302a—302d durch das sog. Wuchergesetz vom 24. Mai 1880, modifiziert und ergänzt durch Gesetz vom 19. Juni 1893, sind dieselben von untergeordneter Bedeutung und bedürfen an dieser Stelle keiner näheren Erörterung.

Ausser dem Reichsstrafgesetsbuch enthalten zahlreiche andere Reichsgesetze kleinere, mehr oder weniger wichtige strafrechtliche Bestimmungen, die durch ihr fortgesetztes Wachstum — zur Zeit ca. 100 (vergl. hierüber v. Liszt, „Lehrbuch des deutschen Strafrechts" 7. Aufl, S. 45 ff) — dazu beitragen, den Stand der Criminalität mit der Zeit zu erhöhen. Sie erstrecken sich auf die mannigfachsten Gebiete und stehen mit der heutigen Sozialpolitik oftmals in engstem Zusammenhang. Regelmässig findet sich in ihnen die Befolgung der im öffentlichen Interesse gegebenen Vorschriften durch meist nicht hohe Strafbestimmungen gesichert. Indessen wenn auch diese sog. strafrechtlichen Nebengesetze teilweise quantitativ eine ganz bedeutende Rolle spielen, so liegt es doch ausserhalb des Zweckes der vorliegenden Arbeit, auf die einzelnen Satzungen derselben im besonderen einzugehen.

Nicht die strafrechtlichen Bestimmungen allein, auch das Prozessverfahren vermag mit seinen verschiedenen Modifikationen auf die jeweilige Gestaltung der Criminalität einen gewissen Einfluss auszuüben. So ist es bemerkenswert, dass die Durchschnittszahl der jährlichen Verurteilungen sogleich von dem Zeitpunkt an in die Höhe ging, wo im Strafprozess die sog. Beweistheorie mit ihren für die richterliche Überzeugung verbindlichen Regeln durch die Einführung der freien Beweiswürdigung ersetzt wurde. Öffentlichkeit und Mündlichkeit der Verhandlungen, Einsetzung des Anklageprozesses — alle diese Neuschaffungen brachten neues Leben in die richterliche Thätigkeit, die auf solchen Grundlagen dem Ziele einer wirklich guten Rechtspflege von Jahr zu Jahr näher rückte.

Ebenso ist die Zahl der Mitglieder eines Gerichtshofes nicht ganz ohne Bedeutung für das Verhältnis der Verurteilungen und Freisprechungen zu einander; die letzteren nehmen z. B. in den Schwurgerichten einen höheren Prozentsatz ein als in anderen Gerichten. Nachdem die Schwurgerichte in Deutschland fast allenthalben, in Preussen durch Königliche Verordnung vom 3. Januar 1849 eingeführt waren, errichteten zuerst Hannover und Kurhessen nach 1848 die Schöffengerichte und übertrugen ihnen die Aburteilung der niedrigsten Straffälle, die sonst entweder den Polizeibehörden oder den Einzelrichtern überwiesen wurden. Eine solche Gestaltung der Gerichte, wonach zwei Schöffen von dem Einzelrichter beizuziehen sind, fand sich vor der Einführung der Justizgesetze auch in Oldenburg, Bremen, Baden und in den, wie schon angedeutet, 1866 von Preussen neu erworbenen Landesteilen. Mit dem 1. Oktober 1879 traten sie allgemein in Deutschland in Geltung.

Die früheren Gerichtsabteilungen mit drei Richtern wandelten sich durch die neue Strafprozessordnung um in die heutigen Strafkammern mit fünf Richtern. Eine Abänderung von einiger Tragweite lag hierbei in der Bestimmung, dass im Gegensatz zu den früheren Prozessgesetzen die deutsche Prozessordnung vom 1. Februar 1877 das Rechtsmittel der Berufung gegen die Erkenntnisse dieser Gerichte gänzlich ausschloss. Wie wenig indes gerade diese Änderung auf die Dauer befriedigt hat, zeigen die Bestrebungen der Gegenwart, die auf eine Wiederherstellung des früheren Zustandes mit immer grösserer Heftigkeit drängen.

Auch das längst eingeführte Schwurgerichtsverfahren erhielt am 1. Oktober 1879 in einigen Beziehungen eine neue Regelung, die auf den Prozentsatz der Freisprechungen nicht ganz wirkungslos bleiben konnte. Hierher gehört vor allem das Erfordernis der Zweidrittelmajorität, während bis dahin die absolute Majorität der Geschworenen genügte, eine Verurteilung des Angeklagten herbeizuführen.

In dieser Weise gestaltete sich im allgemeinen der Ausbau, den die Statistik, die Reorganisation der Behörden und die strafrechtliche Gesetzgebung im Laufe der letzten 50 Jahre in Preussen erfahren hat. Die hierdurch begründete Zunahme der Criminalität hat noch indirekt eine Unterstützung gefunden in dem enormen Aufschwung der Industrie und Verkehrsverhältnisse, der eine endlose Menge polizeilicher Verordnungen nötig machte und damit die Möglichkeit zu meist leichteren strafbaren Handlungen oder Unterlassungen nicht unerheblich vergrösserte. Zu unterschätzen ist schliesslich die Hülfe auch nicht, die den Behörden bei der Verfolgung des Verbrechens durch die Ausdehnung des Eisenbahn- und Telegraphennetzes erwächst. Verbesserungen namentlich auf ersterem Gebiete kommen allerdings in gewisser Beziehung auch dem Verbrecher zu statten; im grossen und ganzen aber tragen sie ohne Zweifel dazu bei, den Prozentsatz der ungesühnten Strafthaten herabzumindern.

Die Tendenz der Verbrechenszunahme im allgemeinen tritt bei den einzelnen Delikten durchaus nicht gleichmässig stark auf. Zeitweise erleidet sie sogar im ganzen wesentliche Unterbrechungen und macht Schwankungen durch, welche die Vermutung erwecken, dass die Ursachen des Auf- und Niedersteigens in der Verbrechensbewegung ausser den angeführten gesetzgeberischen Modifikationen noch in anderen Erscheinungen zu suchen sind. Diese Mutmassung wird verstärkt durch die oftmals grosse Verschiedenheit, die sich in gewissen Zeitabschnitten auch bei gleicher gesetzlicher Grundlage bei diesem Delikt durch Zunahme, bei jenem durch Abnahme kundgiebt. Eine eingehende Untersuchung über die Ursachen, welche für eine derartige schwankende Bewegung der Criminalität ausschlaggebend sind, wird den Gegenstand der nachfolgenden Betrachtungen bilden.

Die Delikte im allgemeinen.

Um ein möglichst klares und zuverlässiges Bild von den verschiedenartigen Einflüssen auf den Gang der Criminalität zu gewinnen, ist es unerlässlich, die Summe sämtlicher Delikte in eine Anzahl von Gruppen aufzulösen, und es können lediglich von dem Gesichtspunkt aus, dass diese Gruppen auf derartige Einflüsse im grossen und ganzen verschiedenartig reagieren, unterschieden werden:

1. Die Delikte gegen das Vermögen;
2. Die Delikte gegen die Person;
3. Die Delikte gegen den Staat, die öffentliche Ordnung und Religion;
4. Die Amtsdelikte.

Zu der ersten Gruppe rechnet vor allem der Diebstahl und die Unterschlagung, deren Summen allein drei Viertel sämtlicher hierher gehöriger Delikte ausmachen, ferner: Raub und Erpressung, Begünstigung und Hehlerei, Betrug und Untreue, Urkundenfälschung, betrügerischer Bankerutt, strafbarer Eigennutz und Verletzung fremder Geheimnisse, endlich Sachbeschädigung.

Die zweite Gruppe setzt sich zusammen aus den typischen Delikten der Beleidigung und Körperverletzung, denen sich mehrere, ihrer Zahl nach weniger ins Gewicht fallende strafbare Handlungen angliedern: Verbrechen und Vergehen, die sich gegen den Personenstand, wider die Sittlichkeit und das Leben eines anderen richten.

Die dritte Gruppe umfasst Hoch- und Landesverrat, Beleidigung des Landesherrn und der Bundesfürsten, feindliche Handlungen gegen befreundete Staaten, Verbrechen und Vergehen in Beziehung auf die Ausübung staatsbürgerlicher Rechte, Widerstand gegen die Staatsgewalt, Verbrechen und Vergehen wider die öffentliche Ordnung, Münzdelikte, Meineid, falsche Anschuldigung und als letzten Punkt die Vergehen, welche sich auf die Religion beziehen.

Die vierte Gruppe bilden die Verbrechen und Vergehen im Amte; ihre Summe beträgt indessen kaum ein Prozent sämtlicher Delikte und bietet daher für eine Untersuchung über die Einflüsse auf ihre jeweilige sehr geringfügige Zu- oder Abnahme kein ausreichendes Material. Bei den nachfolgenden Erörterungen ist die erste Gruppe gesondert zu betrachten, während aus später zu erwähnenden Gründen die zweite und dritte Gruppe zusammengefasst werden können.

Die Schwankungen der einzelnen Deliktsgruppen, ihre Zu- und Abnahme wird am ersten an der Hand einer tabellarischen Übersicht deutlich. Die beiden nur durch die Beschaffenheit der statistischen Aufzeichnungen hierbei gebotenen Abschnitte 1854 1878 und 1882 bis auf die Gegenwart müssen aus den pag. 7 hervorgehobenen Gründen auseinandergehalten werden.

A. Die in der Periode 1854—1878 [1]) jährlich neu eingeleiteten Untersuchungen in Preussen alten Bestandes sind in den einzelnen Deliktsgruppen,

1. in absoluten Zahlen bei den Delikten:

Jahrgänge	gegen das Vermögen	gegen die Person	gegen Staat, öffentliche Ordnung und Religion
1854	70.911	13 423	
1855	74.709	13.398	7.048
1856	81.201	14.000	8.151
1857	56 310	16.597	9.680
1858	50.619	18.135	9.643
1859	52.302	18.289	9.198
1860	55.853	18.410	10.152
1861	57.250	16.973	9,590
1862	57.845	19.454	10.065
1863	53.995	20.938	10.198
1864	55.180	21.936	10.796
1865	61.363	23.326	11.256
1866	60.890	21.146	10.722

[1]) Die Zahlen sind entnommen den Justiz-Ministerial-Blättern für die Preussische Gesetzgebung und Rechtspflege. Herausgegeben im Büreau des Justiz-Ministeriums.

Jahrgänge	gegen das Vermögen	gegen die Person	gegen Staat, öffentliche Ordnung und Religion
1867	70.397	22.008	10.077
1868	77.199	23.099	10.256
1869	67.106	24.121	10.688
1870	59.301	19.853	9.366
1871	51.109	15.135	8.401
1872	56.828	19.073	11.425
1873	54.640	21.910	13.224
1874	61.125	26.091	16.786
1875	59.636	27.292	17.281
1876	66.826	30.131	19.021
1877	73.012	34.371	18.789
1878	80.104	35.650	22.339

2. berechnet auf je 100 000 Einwohner [1]:

1854	416	78	
1855	436	78	41
1856	472	81	47
1857	324	95	55
1858	288	103	54
1859	295	103	51
1860	310	102	56
1861	314	93	52
1862	313	105	54
1863	288	111	53
1864	290	115	56
1865	325	121	58
1866	314	109	55
1867	360	112	51
1868	392	117	52
1869	338	126	53
1870	296	99	46
1871	254	75	41
1872	281	94	56
1873	266	106	64
1874	295	125	81
1875	284	135	84
1876	315	142	89
1877	341	160	87
1878	370	164	103

[1] Die Zahlen sind von mir berechnet.

B. Die in der Periode 1882—1895 [1]) jährlich Verurteilten in Preussen neuen Bestandes sind in den einzelnen Deliktsgruppen,

1. in absoluten Zahlen bei den Delikten:

Jahrgänge	gegen das Vermögen	gegen die Person	gegen Staat, öffentliche Ordnung und Religion
1882	104.404	62.889	34.513
1883	100.190	66.064	33.544
1884	101.983	74.080	36.390
1885	96.713	75.678	36.369
1886	96.970	79.839	39.011
1887	95.195	84.447	40.655
1888	93.048	80.696	39.901
1889	101.711	85.550	39.880
1890	101.571	92.016	40.789
1891	108.860	92.767	39.684
1892	122.020	97.087	42.190
1893	112.456	105.541	46.942
1894	113.877	113.688	47.299
1895	114.618	122.197	51.786

2. berechnet auf je 100.000 strafmündige d. i. über 12 Jahre alte Einwohner:

1882	545	328	180
1883	520	343	174
1884	527	382	188
1885	492	385	185
1886	488	402	196
1887	475	421	203
1888	466	404	200
1889	503	423	197
1890	496	449	199
1891	520	443	190
1892	575	458	199
1882/91	510	404	194
1894	528	527	219

[1]) Die Zahlen für Preussen sind enthalten in den Statistischen Jahrbüchern für das deutsche Reich. Herausgegeben vom Kaiserl. Statistischen Amt.

Der Wechsel in der Zu- und Abnahme der Criminalität, namentlich die Verschiedenheit, die zu derselben Zeit bei dem einen Delikt in der Vermehrung, bei dem anderen in der Verminderung sich kundgiebt, findet, wie oben bereits angedeutet wurde, in den Änderungen der Strafgesetzgebung, der Behördenorganisation und der Statistik nur zu einem Teile seine Begründung. Unzweifelhaft haben andere Faktoren einen Einfluss auf das kriminelle Handeln des Volkes. Die Feststellung solcher Faktoren bildet entschieden den wichtigsten Teil aller Betrachtungen über das Wesen der Criminalität.

Die Tabellen zeigen, dass die Delikte gegen das Vermögen im grossen und ganzen einen Verlauf nehmen, der demjenigen der anderen beiden Gruppen selten parallel, mitunter gerade entgegengesetzt geht, während die Delikte gegen die Person und gegen die öffentliche Ordnung, wie man die dritte Deliktsgruppe kurz zu bezeichnen pflegt, in ihren Bewegungen während der ganzen Beobachtungsperiode eine grosse Übereinstimmung aufweisen.

Schon im voraus kann hieraus gefolgert werden, dass die bestimmenden Ursachen für die Schwankungen in der Criminalität, soweit die einzelnen Delikte und Deliktsgruppen in Betracht kommen, von verschiedenartiger Wirkung sein können und auch oft sind; in den folgenden Ausführungen wird sich dies voll bestätigt finden.

Die Delikte gegen das Vermögen.

Die Bewegung der Vermögensdelikte verteilt sich auf die einzelnen hierher gehörigen Verbrechen und Vergehen in nachstehender Weise. Es kommen in dem Zeitraum 1854—1878 auf 100,000 Einwohner[1]) des preussischen Staates alten Bestandes jährlich neu eingeleitete Unter-

---

1) Die Zahlen sind von mir berechnet.

suchungen, beziehungsweise 1882—1890 [1]) auf 100.000 strafmündige Einwohner Preussens neuen Bestandes jährlich Verurteilte:

Jahrgänge	Diebstahl	Unterschlagung	Raub und Erpressung	Hehlerei und Begünstigung	Betrug und Untreue	Urkundenfälschung	Sachbeschädigung
1854	334	28	1.0	40	17	5.4	10
1855	354	29	1.1	34	16	5.7	8
1856	386	31	1.1	43	17	6.0	8
1857	246	23	1.0	38	15	7.0	10
1858	213	22	0.8	30	12	7.3	11
1859	219	22	0.8	25	12	7.5	12
1860	229	24	0.8	30	13	7.7	12
1861	232	24	0.8	26	13	8.1	12
1862	229	24	0.9	25	13	8.2	14
1863	206	23	0.8	21	14	7.5	15
1864	206	24	1.0	25	13	7.4	17
1865	227	24	0.8	25	14	7.6	17
1866	222	23	0.8	24	14	7.2	17
1867	265	25	0.9	32	15	8.1	17
1868	293	27	1.2	36	16	8.0	17
1869	241	25	1.0	30	15	7.1	18
1870	211	22	0.9	27	14	6.4	17
1871	190	18	0.8	33	10	3.2	14
1872	209	20	1.4	46	11	3.4	17
1873	196	19	1.4	46	11	3.5	18
1874	216	22	1.7	50	13	3.7	19
1875	209	23	1.7	49	13	4.2	19
1876	223	25	1.9	50	16	4.9	21
1877	238	28	2.4	51	18	5.5	22
1878	257	30	2.4	55	20	5.6	24
1882	337	44	1.5	30	29	8.0	38
1883	323	42	1.4	27	29	7.7	37
1884	322	44	1.7	27	31	8.4	41
1885	289	44	1.4	25	30	8.0	41
1886	282	43	1.5	24	32	8.3	41

[1]) Die Zahlen sind enthalten in dem Statist. Jahrb. für das deutsche Reich.

Jahrgänge	Diebstahl	Unterschlagung	Raub und Erpressung	Hehlerei und Begünstigung	Betrug und Untreue	Urkundenfälschung	Sachbeschädigung
1887	267	42	1.4	24	35	8.6	43
1888	262	43	1.2	23	36	8.6	38
1889	289	46	1.4	25	41	10.0	40
1890	278	46	1.5	25	41	10.0	42
1891	292	47	1.6	25	44	10.9	41
1892	329	52	1.6	30	48	11.7	42
1893	298	45	1.5	26	36	9.0	41
1894	276	51	1.4	25	51	12.9	47
1895	271	53		24	52	13.2	
1896	259	50		22	50	12.8	

Der Trieb zur Selbsterhaltung, in seiner harmonischen Entwicklung der Beweggrund für den gerechten und sittlichen Kampf des Menschen um sein Dasein, in engerer Form der vornehmste Grund zu einer Erwerbsthätigkeit, fordert in seiner Entartung überall und zu allen Zeiten einen gewissen, oftmals hohen Prozentsatz von Opfern, die den Verbrechen, insbesondere dem Diebstahl, dem Betruge, der Unterschlagung und anderen Delikten gegen das fremde Eigentum anheimfallen. Und es gilt als Erfahrungssatz, der sichs stets erprobt hat: je grösser die Sorge um die Erhaltung der Existenz, oftmals allein um die Beschaffung des täglichen Brodes, desto grösser ist die Zahl der Delikte gegen das fremde Vermögen. Tritt die Not an den Menschen heran, so stellt sich zugleich der Trieb ein, der ihn dahin bringt, sich an dem Gute des anderen, wirtschaftlich besser Gestellten zu vergreifen. Eigentumsverletzungen sind zu einem gewissen Teile auch auf andere Beweggründe zurückzuführen; indes spricht nichts dafür, dass diese Motive z. B. die Habsucht und Begierde bei einem ganzen Volke in einem Jahre stärker, im anderen wieder schwächer auftreten; vielmehr muss man denselben eine gewisse Gleichmässigkeit in ihrer Einwirkung auf das verbrecherische

Thun beimessen. Ausschlaggebend für das jeweilige Aufsteigen und Fallen der Vermögensdelikte bleibt der mehr oder minder hohe Wohlstand eines Volkes, Verteuerung der notwendigsten Lebensmittel in früheren Zeiten, das Mass der Erwerbsgelegenheit in der Gegenwart.

In den letzten Worten liegt ausgesprochen, dass die Bedingungen für den Eintritt eines materiellen Notstandes im Laufe dieses Jahrhunderts in Preussen einen Wechsel erfahren haben, mithin auch der Gang der Criminalität, der von Notständen in hervorragendem Masse beeinflusst wird, heute andere Ursachen hat als früher. Notstände, wie sie noch in der Mitte dieses Jahrhunderts durch die Verteuerung des Lebensunterhalts, speciell durch ein Hinaufgehen der Getreidepreise veranlasst wurden, sind aus diesem Grunde in der Gegenwart ziemlich ausgeschlossen. Arbeitsgelegenheit und Arbeitslosigkeit sind die Faktoren, welche die wirtschaftliche Lage der Bevölkerung, besonders der arbeitenden Klassen und ihr Verhalten zu den Sittengesetzen heute vornehmlich bestimmen.

Die wirtschaftliche Bedeutung der Getreidepreise, ihr Zusammenhang mit den Schwankungen in der Criminalität gegen das Vermögen ist jedoch in Preussen bis über die Mitte dieses Jahrhunderts hinaus im Gegensatz zu anderen Ländern, namentlich zu England noch deutlich erkennbar. Wir müssen hierauf näher eingehen und lassen daher für die Periode 1848—1881 in nachstehender Tabelle die Weizen-, Roggen- und Kartoffelpreise folgen [1]:

---

1) Die Angaben der durchschnittl. Lebensmittelpreise für die Jahre 1848—1870 beziehen sich nur auf die 8 alten Provinzen, dagegen von 1871 ab auf die alten und neuen Provinzen zusammen. Sie sind entnommen aus Starke „Verbrechen und Verbrecher" S. 55.

Die Preise à 50 kg.

Kalender-jahre	Weizen	Roggen	Kar-toffeln	Kalender-jahre	Weizen	Roggen	Kar-toffeln
1848	7.49	4.82	1.84	1865	8.13	6.24	2.03
1849	7.29	3.97	1.45	1866	9.80	7.30	2.05
1850	6.91	4.55	1.55	1867	12.89	9.87	2.95
1851	7.47	6.26	2.08	1868	12.48	9.84	2.62
1852	8.59	7.72	2.48	1869	9.70	8.08	2.16
1853	10.25	8.50	2.47	1870	10.14	7.78	2.58
1854	12.90	10.40	3.17	1871	11.70	8.60	3.05
1855	14.21	11.45	3.37	1872	12.10	8.40	2.95
1856	13.51	10.64	3.13	1873	13.20	9.60	3.00
1857	10.18	6.87	2.18	1874	12.00	9.90	3.35
1858	9.08	6.38	1.91	1875	9.80	8.60	2.75
1859	8.93	6.79	1.98	1876	10.50	8.70	2.82
1860	10.48	7.65	2.41	1877	11.50	8.85	3.18
1861	11.04	7.71	2.79	1878	10.10	7.15	2.82
1862	10.68	7.79	2.47	1879	9.80	7.20	3.08
1863	9.18	6.78	2.04	1880	10.95	9.65	3.25
1864	7.95	5.69	2.10	1881	11.00	10.10	2.85

Man ersieht aus der Tabelle, dass die Preise bis 1855 in fortgesetztem Steigen begriffen sind und in diesen Jahren auf einer Höhe stehen, wie sie nur 1867/68 und in der Periode 1871/76 wiederkehrt. In neuester Zeit tritt 1891 dieselbe Erscheinung abermals ein. Analog dem Stande der Getreidepreise erreichen die Vermögensdelikte 1854 bis 1856 mit 416, 436, sogar 472 auf 100,0000 Einwohner jährlich neu eingeleiteten Untersuchungen eine Höhe, die bis zum Endjahr der preussischen Statistik (1878) sich nicht wiederholt. Bei den zahlenmässig geringfügigen Delikten: Raub, Betrug, Erpressung, Hehlerei und Urkundenfälschung fällt der Causalzusammenhang mit den Getreidepreisen naturgemäss weniger in die Augen, um so überzeugender sprechen die Daten über Unterschlagung und vor allem den Diebstahl. Die Fälle wegen Unterschlagung werden hinaufgetrieben bis 5,374, die des Diebstahls auf 66,444 Untersuchungen im Jahre 1856. In demselben Jahre stehen die Getreidepreise noch auf ihrem Höhepunkt. 1857 kommt der rapide Rückschlag. Die Preise für Weizen und Roggen sinken um 3–4 M. gegenüber dem Vorjahre, die Untersuchungen wegen Unterschlagung um 1,400, die wegen Diebstahls um mehr als 20,000. Selbst Raub, Betrug und Erpressung zeigen trotz ihrer verhältnismässig geringen Beteiligung in der Deliktsgruppe dennoch in deutlichster Weise die Neigung zur Zunahme bis 1856, die rückläufige Bewegung von 1857 an.

Das Vorhandensein eines Causalzusammenhanges zwischen den Preisen und den Delikten kann bei einem derartigen beiderseitigen Ansteigen bis 1856 und dem gewaltigen Rückgang im Jahre 1857 nicht von der Hand gewiesen werden; noch mit aller Schärfe macht er sich in diesem Dezennium geltend.

In weit geringerem Masse ist ein solcher Causalzusammenhang im Auslande zu erkennen. Teilweise z. B. in England ist er um diese Zeit und früher schon überhaupt nicht mehr vorhanden. B. Weisz hat Untersuchungen nach dieser Richtung hin angestellt und gelangt in seinen Studien über wirtschaftliche und moralische Wirkungen hoher Getreidepreise Jahrbücher für Nationalökonomie und Statistik, Bd. III S. 85 ff — im allgemeinen allerdings zu dem Resultat, dass unter den verschiedenen Faktoren, die den Menschen zur Ausübung von Verbrechen, namentlich solcher gegen das Eigentum, reizen, der jeweilige Stand der Getreidepreise eine bedeutende Rolle spiele. Die Richtigkeit dieser Ansicht sucht er an der Criminalität mehrerer Länder nachzuweisen und geht hierbei speciell auch auf das Verbrechertum Frankreichs und Belgiens ein. Er findet einen Parallelismus zwischen beiden Bewegungen in Frankreich am prägnantesten ausgedrückt zu Anfang der fünfziger Jahre, in der Zeit der hohen Preise — vgl. Tabelle S. 26 —, vermag aber einen konstanten Zusammenhang der belgischen Criminalität mit den Getreidepreisen nicht zu erkennen. Ein solcher ist auch hier, mehr aber noch, wie schon hervorgehoben, in England so gut wie nicht vorhanden. Gerade die englische Statistik erweckt früher als irgend eine andere die Vermutung, dass Faktoren auftraten, die den schädlichen Einfluss hoher Getreidepreise im obigen Sinne vollständig ausglichen. Die beiden Dezennien 1831/40 und 1841/50 weisen hier sogar eine bedeutende Abnahme der Verbrechenszahlen gerade in den teueren Zeiten auf. Welches sind die Gründe hierfür? Wenn man sich daran erinnert, dass England frühzeitig ein fast durchweg industrieller Staat wurde, dass aus diesem Grunde für das Wohl der Bevölkerung in erster Linie der Verdienst, die Höhe der Arbeitslöhne und das Vorhandensein von Arbeitsgelegenheit entscheidend wurde, so hat man hierin die Erklärung für die Bedeutungslosigkeit der Getreidepreise auf den Gang der Criminalität. In England wurden daher früher als in anderen Staaten für die Lage der Bevölkerung und demgemäss seine Anteilnahme an der Criminalität die das wirtschaftliche Leben von Zeit zu Zeit verheerenden Krisen weit verhängnisvoller als ein noch so hohes Ansteigen der Getreidepreise bei sonst ungeschmälerter Erwerbsgelegenheit. Die Criminalstatistik bereits der vierziger Jahre, auf die wir näher eingehen wollen, bringt hierfür den besten Beweis.

Die englische Industrie erhielt in der Mitte dieses Dezenniums eine ausserordentlich kräftige Förderung durch die grosse Ausdehnung der Eisenbahnbauten und Eisenbahnspeculationen. Nach den Angaben von Max Wirth — „Geschichte der Handelskrisen" S. 226 — wurden 1845 allein dem Parlamente nicht weniger als 678 Projekte zu Eisenbahnbauten vorgelegt; 65 Eisenbahngesetze verlangten die königliche Zustimmung, und rund 90 Mill. ₤ gelangten 1845—1847 lediglich für Eisenbahnzwecke zur Verausgabung.

Nur zu bald machte es sich fühlbar, dass diese Bewegung das Mass des Zulässigen weit überschritten hatte. Sie hatte die gesunde, solide Grundlage verlassen und führte schliesslich zu einem gewaltigen Rückschlag. Stockungen im Geschäftsleben, Erwerbslosigkeit und Elend in den Arbeiterfamilien wurden die traurigen Merkmale der Jahre 1847/48. Zur Charakterisierung dieser Unglücksjahre schreibt der genannte Verfasser p. 236: „Die Handelshäuser brachen in dieser ewig denkwürdigen Woche (Oktober 1847) täglich zu Dutzenden. Von allen Seiten wurden Arbeitseinstellungen in den Fabriken und Eisenbahnbauten gemeldet; die Contrahenten der London-Nordwestlichen Eisenbahn hatten Ende Oktober schon 2500 Arbeiter entlassen und waren im Begriff, eine noch grössere Anzahl zu verabschieden. In Lancashire waren um dieselbe Zeit fast alle begonnenen Bauten eingestellt und bereits über 10,000 Arbeiter entlassen. So stand es allenthalben. Die Fabrikarbeiter waren zum Teil durch den hohen Preis der Rohstoffe schon früher auf halbe Arbeitszeit gesetzt oder entlassen. Jetzt wurde diese Lage noch um Vieles verschlimmert und man nahm an, dass während des folgenden Winters 100,000 Arbeiter mehr in den Armenhäusern würden versorgt werden müssen; — wie denn in der That der Winter 1847/48 beinahe eine Million Pfund Sterling mehr (im Ganzen zwischen 6 und 7 Millionen Pfund) an Armensteuer in Anspruch nahm."

Aber nicht allein die Armenpflege, vor allem wurde auch die Criminalität von dieser Krisis stark beeinflusst. Wie aus der Statistik S. 70 zu ersehen, belief sich während der Periode 1841/50 der jährliche Durchschnitt der Verurteilten in England und Wales auf 20.445. In den wirtschaftlich günstigen Jahren 1845/46 ging die Zahl zurück bis auf 18,100 und 17,400, stieg hingegen in den Jahren der Krisis 1847/48 auf 21,500, sogar auf 22.900, um schliesslich 1849, wo normale Zustände auf dem Gebiete des Erwerbslebens sich wieder einstellten. auf 21.000, gegenüber dem Vorjahre um fast 2000, herabzusinken.

Diese Erschütterungen des Wirtschaftslebens wurden auch in anderen Ländern, namentlich in Frankreich, verspürt, wo ausserdem die politische und soziale Bewegung zur Verschärfung der Krise beitrug. Auch hier litt die Moralität des Volkes unter dem Druck dieser Erscheinungen; so stiegen die Eigentumsverletzungen, in dem Durchschnitt 1846/50 jährlich 3,739 Verbrechen, in dem Krisenjahre 1847 auf 4,580.

Zehn Jahre vergingen, eine der merkwürdigsten Zeiten in der Wirtschaftsgeschichte aller Völker. Die Ausbreitung der Verkehrsmittel, das Eisenbahnwesen und die Dampfschifffahrt nahmen während dieser Periode einen ungeahnten Aufschwung und förderten in hohem Masse die Entfaltnng einer regen Thätigkeit auf allen Gebieten des Handels und der Industrie. Dazu kam die Entdeckung reicher Goldlager in Kalifornien und Australien, die Massenauswanderungen aus ganz Europa ins Leben riefen. Aus der Aufhebung der Kornzölle in England, welche die Freihandelspartei nach vieler Mühe im Jahre 1846 durchsetzte, zog die dortige Industrie grosse Vorteile. In Frankreich gründete man zur Förderung der allgemeinen Wohlfahrt 1852 zwei bedeutende Institute: den Crédit foncier zur Unterstützung landwirtschaftlicher Interessen, der allerdings den Hoffnungen der Landwirtschaft nur unvollkommen entsprach und schliesslich mehr der städtischen, namentlich der Pariser Bauspeculation diente, und den Crédit mobilier, welcher nach dem mit Genehmigung der Regierung veröffentlichten Programm dazu bestimmt sein sollte, Handel und Industrie mit Kapital zu unterstützen und den öffentlichen wie privaten Kredit anzuregen. In der Zeit 1852/56 wurden sodann mit Hülfe dieses Instituts eine grosse Reihe von Aktienunternehmungen in Frankreich sowohl wie im Auslande teils neu geschaffen, teils reorganisiert, insbesondere zahlreiche Eisenbahn-, Gas-, Omnibus-, Dampfschifffahrt- und Immobiliengesellschaften. Unter dem Eindrucke der Erfolge dieses Crédit mobilier entstanden im Laufe der fünfziger Jahre auch in Deutschland, Österreich, begleitet von allen Erscheinungen des Gründungsfiebers, zahlreiche

Crédit- mobilier-Banken, meist Kreditbanken genannt, von denen sich einige, besonders die 1853 gegründete Bank für Handel und Industrie in Darmstadt, die 1855 entstandene Österreichische Kreditanstalt und die Leipziger Kreditanstalt, infolge vorsichtiger und geschickter Geschäftsführung mit Erfolg behauptet haben. Im grossen und ganzen aber war dieser wirtschaftliche Aufschwung mit künstlichen Mitteln übertrieben worden, das zeigte der plötzliche Rückschlag, der 1857 von Amerika ausgehend alle industriell bedeutenden Länder Europas in Mitleidenschaft zog. England wurde am empfindlichsten davon berührt; eine Reihe grösserer Unternehmungen ging, begleitet von den übelsten Folgen, zu Grunde. Unter anderen wurden — vgl. hierüber Wirth, „Geschichte der Handelskrisen" S. 372 — in der Grafschaft Stafford, jenem industriell hochentwickelten Gebiete Mittel-Englands durch das Falliment der Wolverhampton- und Staffordshire-Bank allein 30.000 Arbeiter gänzlich beschäftigungslos. Ein anderer Bankzusammenbruch brachte in Northumberland das Kohlen- und Eisengewerbe zum Stillstand. Auch die Baumwollindustrie wurde schwer getroffen. Man berechnete für diesen Industriezweig allein den Lohnverlust infolge reduzierter Arbeitszeit auf 1.064.700 £.

Unter dem Druck dieser Krisis vermochte die Tendenz, die sich in der englischen Criminalität seit 1853 durch fortgesetzte Abnahme kundgiebt, nicht Stand zu halten. Ähnlich wie 10 Jahre früher trat 1857 eine starke rückläufige Bewegung ein. Die Verurteilten zählten in dem fünfjährigen Durchschnitt 1856/60 jährlich: 13.565, stiegen aber hinauf 1857 auf 15.307 -- eine Erhöhung von 12,5 Proz.

Im Gegensatz zu diesen Wahrnehmungen im Auslande ist es beachtenswert, dass in Preussen die Bedrohung des wirtschaftlichen Lebens durch die Handelskrisis 1857, die auch hier verspürt wurde, eine ungünstige Einwirkung auf die Criminalität nicht erkennen lässt. Der Grund liegt in der noch wenig fortgeschrittenen Entwicklung des deutschen Handels und der Industrie um diese Zeit, sodass die Bevölkerung im ganzen durch die vorübergehende Stockung des damaligen Geschäftslebens nur in geringem Masse getroffen wurde.

In Preussen folgte auf die schwere Teuerungsperiode der fünfziger Jahre, deren Bedeutung für die Zunahme der Criminalität wir oben kennen lernten, von 1857 ab ein zehnjähriger Zeitraum mit fast durchgehends normalen Getreidepreisen. Nur die Jahre 1860—1862 brachten ein geringes Ansteigen derselben mit sich und vermochten auch hier noch die Wirkung hervorzubringen, dass die Untersuchungen wegen Unterschlagung wieder über 24 Fälle auf 100.000 Einwohner, diejenigen beim Diebstahl auf 232 hinaufgingen, während sie vorher ganz im Einklang mit den Preisen einen andauernd niedrigen Stand bewahrt hatten und auch sogleich nach dieser Periode abermals, beim Diebstahl sogar sehr beträchtlich fielen.

Aussergewöhnlich hohe Getreidepreise hatten dann wieder die Jahre 1867/68. Der Weizen stieg bis auf 12.89 M., Roggen auf 9.87 M., der Preis der Kartoffeln auf 2.95 M. Und auch jetzt noch erkennbar, aber schon weit schwächer als im vorhergehenden Dezennium stellten die üblen Wirkungen auf das criminelle Handeln des Volkes sich ein. Es darf jedoch bei einem Vergleich dieser beiden Jahre mit den voraufgehenden nicht unberücksichtigt bleiben, dass der deutsch-österreichische Krieg ein starkes Zurückgehen der Criminalität im Gefolge hatte, dass diesem Umstande daher zu einem Teile die grosse Differenz der Jahre 1866 und 1867/68 zuzuschreiben ist, dass aber teilweise die Verschlechterung der Criminalität in dieser Zeit noch durch die hohen Getreidepreise bedingt war, dafür spricht besonders der Preisfall des Jahres 1869, der wiederum eine bedeutende Abnahme des Verbrechertums hervorzurufen vermochte. Die Untersuchungen vermehrten sich 1867 und 1868 gegenüber dem Vorjahre beim Betrug um 1–2, Unterschlagung um 2—4, Urkundenfälschung um 8, Hehlerei um 10–14, Diebstahl um 40—70 Fälle auf je 100.000 Einwohner, die Untersuchungen in der Deliktsgruppe überhaupt von 314 auf 392, während sie 1869 wiederum auf 338, mithin um 14 Proz. herabgingen.

Aus all' diesen Schwankungen der preussischen Criminalität gegen das fremde Vermögen geht hervor, dass die Preise der notwendigsten Lebensmittel in früheren Zeiten auf den Gang des Verbrechertums eine ausserordentlich grosse Rolle gespielt haben. Andererseits aber zeigt sich auch — ein Umstand, welcher Beachtung verdient, dass mit der Zeit diese Wirkungen schwächer wurden. Sie sind in den sechsziger Jahren bei weitem nicht mehr von der Bedeutung, die sie zehn Jahre früher hatten, und man kann ohne Bedenken die Ansicht als richtig anerkennen, die einen bemerkenswerten Einfluss der Getreidepreise auf die kriminelle Bethätigung des preussischen Volkes nach 1870 gänzlich in Abrede stellt.

Kriegsjahre pflegen auf dem Gebiete der Criminalität oftmals auffallend niedrige Ziffern aufzuweisen. Schon 1866 war, wie soeben hervorgehoben, ein gleichmässiger Rückgang bei allen Delikten zu verzeichnen gewesen. Man sollte meinen, dass zu Kriegszeiten, wo zahlreichen Familien der Ernährer entrissen wird und dadurch der Not und dem Elend in leichterer Weise Thor und Thür sich öffnet, wo naturgemäss die Versuchung, auf unrechtmässigem Wege den Unterhalt der Familie herbeizuschaffen, an die zurückbleibenden Familienglieder desto stärker herantritt, die Zahl der Eigentumsdelikte notwendig in die Höhe gehen müsste. Diese Befürchtung erfüllt sich indessen nicht. Der kurze Krieg von 1864, der nur einen geringen Teil der Armee ins Feld führte, vermag zwar einen nennenswerten Einfluss nicht auszuüben. Der Krieg von 1866, der alle Kräfte des preussischen Staates in Anspruch nimmt, geht in dieser Hinsicht nicht mehr spurlos vorüber. Trotzdem die ökonomischen Zustände sich verschlechtern und die ganze wirtschaftliche Lage des Volkes unter mancherlei Störungen z. B. durch das Ausbrechen der Cholera schwer zu leiden hatte, brachte der Krieg auf dem Gebiete der gesamten Criminalität eine höchst bemerkenswerte Wendung zum Bessern mit sich. Die eingeleiteten Vermögensdelikte gingen von 325 (1865) auf 314 im Jahre 1866 auf je 100.000 Einwohner zurück. In stärkerem Masse noch tritt dieselbe Erscheinung während des deutsch-französischen Krieges zu Tage. Die Verminderung der eingeleiteten Criminalfälle während der Jahre 1869 auf 1870 beträgt bei den Vermögensdelikten überhaupt in absoluter Zahl rund 8.000, auf je 100.000 Einwohner berechnet: 42; bei den einzelnen Delikten: Urkundenfälschung 0.7, Betrug und Untreue 1.0, Unterschlagung 2.8, Hehlerei und Begünstigung 3.0, Diebstahl 30.

Ein natürliches Moment für diese Verminderung ist darin zu suchen, dass ein bestimmter Prozentsatz der Bevölkerung und gerade der Teil, in dessen Lebensalter erfahrungsgemäss die Beteiligung an der Criminalität, besonders an den Delikten gegen die Person, am stärksten sich ausgeprägt findet, in Feindesland weilte. Sicherlich aber ist diese Abwesenheit für die ausserordentliche Abnahme nicht allein bestimmend gewesen. In solchen Jahren macht sich vielmehr der günstige Einfluss geltend, der durch die Neubelebung der Vaterlandsliebe auf das ganze Denken und Handeln eines Volkes ausgeübt wird. Das nationale Bewusstsein wird gehoben, und die sittliche Kraft und Widerstandsfähigkeit gegen das Unrecht erhalten durch das gekräftigte Gefühl der Zusammengehörigkeit neue Nahrung. Zu einem gewissen Teile tragen solche Einwirkungen mit dazu bei, bessere Zustände auf dem Gebiete der Criminalität herzustellen.

Eine der merkwürdigsten Epochen des preussischen Verbrechertums tritt unmittelbar nach der Beendigung des letzten Krieges ein. Während unserer ganzen Beobachtungsperiode hat die Bewegung der Criminalität keinen zweiten derartig niedrigen Tiefpunkt eingenommen. Mag dies 1871 auch teilweise den Einwirkungen des Krieges zuzuschreiben sein, teilweise auch auf Änderungen in der Strafgesetzgebung beruhen – vgl. hierüber p. 12 u. 13 –, so ist doch der ausserordentliche Rückgang des Verbrechertums, vor allen Dingen aber dessen Andauer mehrere Jahre hindurch auf Ursachen zurückzuführen, auf die wir nunmehr näher einzugehen haben. Auf Grund unserer bisherigen Erfahrungen in Prenssen, wo nach hohen Getreidepreisen regelmässig ein Wachstum der Criminalität nachfolgte, hätte notwendig auch jetzt eine Zunahme eintreten müssen; die Getreidepreise von 1871–1874 sind beträchtlich höher als diejenigen in den Jahren vor und nach dieser Periode. Die kriminellen Daten stehen indessen mit dieser bisher gültigen Regel im vollsten Widerspruch. Wir sahen bereits, dass in den sechziger Jahren die hohen Getreidepreise weit schwächer in ihrem Einfluss auf den Gang der Criminalität waren als im Dezennium vorher; wir finden, dass in den siebziger Jahren ihr Einfluss gänzlich geschwunden ist.

Wie in England mit seinem durchweg geschäftlich-industriellen Charakter für das Wohl der Bevölkerung schon seit Anfang dieses Jahrhunderts weniger die Getreidepreise als in erster Linie das Mass der Erwerbsgelegenheit entscheidend wirkt, so beginnt auch in Preussen dieser Faktor, das Auftauchen neuer und reichlicher Erwerbsquellen einerseits, die Stockungen im Geschäftsleben verbunden mit verringerter Erwerbsgelegenheit andererseits, seit Anfang der siebziger Jahre alle bisher gekannten Einflüsse auf den Gang der Criminalität an Bedeutung zu überflügeln. Mit Leichtigkeit gleicht der Vorteil reichlicher Beschäftigung die hohen Getreidepreise aus, während der Vorteil niedriger Preise durch die Schäden, die aus der Beschäftigungslosigkeit entspringen, stets überholt wird. Und je mehr die Industriebevölkerung anwächst, deren Verdienst und Beschäftigung ganz andere Grundlagen hat als die heutigen Erwerbsquellen für die grosse Mehrzahl der ländlichen Bevölkerung, desto mehr wird dieser Satz zur Regel werden. In dem enormen Aufschwung des Erwerbslebens seit Beendigung des Krieges ist, wie allenthalben anerkannt wird, der Grund zu suchen für das kriminelle Thun und Handeln des preussischen Volkes, das kein günstigeres Bild jemals bietet als in dieser Periode.

Der Krieg hatte über eine Million Männer in den Jahren der rüstigsten Arbeitskraft den Werkstätten entzogen. Die Lückenhaftigkeit, die durch ihre Abwesenheit in den Vorräten und dem Personal der Unternehmungen entstand, machte sich gewaltig fühlbar, und die Mittel zur Befriedigung der wirtschaftlichen Bedürfnisse waren dermassen erschöpft, dass unmittelbar nach der Wiederherstellung des Friedens auf allen Gebieten der Produktion eine unerhörte Nachfrage Platz griff. Der Friede, die erste Bedingung für eine Entwicklung in Handel und Industrie, erschien nunmehr auf lange Zeit hinaus gesichert und schuf somit die Grundlage, auf der die Erwerbsverhältnisse einen glänzenden Aufschwung nehmen konnten. Es ist berechnet worden[1]), dass in Preussen allein in den 4 Jahren 1871 bis 1874 ebensoviel Hochöfen, Eisenhütten und Maschinenfabriken gegründet worden sind als in den 70 Jahren seit Beginn dieses Jahrhunderts. Auch die Bewegung des Gesellschaftswesens legt Zeugnis davon ab, in welchen Dimensionen die Hebung des ganzen Wirtschaftslebens sich vollzog. In Preussen wurden von 1790—1865 : 225, von 1867—1870 : 54 Aktiengesellschaften gegründet; 1870 allein betrugen die Gründungen 34, 1871 : 259, 1872 : 504. Demnach sind ins Leben gerufen: von 1790—1867 jährlich 3, von 1867—1870 jährlich 18 im Durchschnitt, 1871 allein 259 und 1872 : 504 Aktiengesellschaften. Man sieht, in welch' mächtiger Progression diese Bewegung fortschreitet.

---

1 Wirth „Geschichte der Handelskrisen" S. 470.

Mit der gesteigerten Nachfrage nach Arbeitskräften gingen naturgemäss die Arbeitslöhne allgemein in die Höhe, nach den Wahrnehmungen von Max Wirth um durchschnittlich 25—30 Proz., und ein grosser Teil der ländlichen Arbeiter gab, hierdurch angelockt, seine bisherige Thätigkeit auf und zog in die Städte, wo in der Industrie die körperliche Arbeitskraft sich besser verwerten liess. Die Zahl der in der Industrie erwerbsthätigen Personen nahm daher in hohem Masse zu und belief sich nach den Berechnungen Engel's 1861 auf 2 796 772, dagegen 1875 auf 3 603 031, ist mithin in diesen 14 Jahren um 28,8 Proz. gestiegen, während in derselben Zeit die Einwohnerzahl sich nur um 11,3 Proz. vermehrt hat (vgl. Engel, die deutsche Industrie 1861 und 1875). Ein Vergleich mit den Zahlen der deutschen Berufszählungen von 1882 und 1895 ist wegen der Verschiedenheit in der Aufstellung der Statistik allerdings nicht angängig, trotzdem aber eine weitere beträchtliche Zunahme der Industriebevölkerung ausser allem Zweifel. Für die neueste Zeit bieten die deutschen Berufszählungen vom 5. Juni 1882 und 14. Juni 1895 hierfür folgende Daten[1]):

Berufsabteilungen	Die Erwerbsthätigen		1895 mehr
	1882	1895	
A. Landwirtschaft, Gärtnerei und Tierzucht, Forstwirtschaft und Fischerei.	8.236.496	8.292.692	56.196
B. Handel und Verkehr	1.540.295	2.310.558	770.263
C. Industrie und Bauwesen, Bergbau und Hüttenwesen	6.302.929	8.133.581	1.830.652

Von 1882 bis 1895 wachsen hiernach die erwerbsthätigen Personen im deutschen Reiche in der Landwirt-

---
1) Die Resultate sind veröffentlicht für 1882 in: Statistik des deutschen Reiches. Neue Folge Bd. II, III, IV, 1884. Bd. V. 2 Teile. 1884. 1885 — für 1895 in: Statistik des deutschen Reiches Bd. 102 ff.

schaft und verwandten Berufen um rund 50.000, im Handel und Verkehr um fast $3/4$ Millionen, in der Industrie, im Bauwesen, Bergbau und Hüttenwesen um mehr als $1^3/4$ Millionen.

Gegenüber diesem enormen Aufschwunge namentlich unmittelbar nach dem Kriege, verbunden mit der allgemeinen Steigerung des Arbeitslohnes, den die Arbeiter in dem Gefühle ihrer Macht durch Arbeitseinstellungen auf eine unnatürliche Höhe zu treiben wissen, wird es erklärlich, wenn in der ersten Hälfte der siebziger Jahre die hohen Getreidepreise für das kriminelle Thun und Treiben des Volkes gänzlich bedeutungslos bleiben. Die Gunst der industriellen Lage hilft über die Verteuerung des Lebensunterhalts mit leichter Mühe hinweg.

Die Untersuchungen wegen Unterschlagung zeigen in der Periode 1871/74 mit 18—22 Fällen auf 100000 Einwohner anhaltend niedrige Ziffern von solcher Dauer, wie niemals vor- und nachher. Dasselbe trifft zu bei sämtlichen Vermögensdelikten. Insbesondere gehen die Daten über den Diebstahl mit 190 (1871) und 196 (1873) Untersuchungen, 209 (1872 und 1875) beträchtlich unter den Durchschnitt der fünf vorhergehenden Jahre mit 249 und der fünf folgenden mit 229 herab. Die eingeleiteten Untersuchungen in der Gruppe der Vermögensdelikte insgesamt sinken in absoluter Zahl 1871 auf 51.109, wegen Diebstahls allein auf 38.233 — den niedrigsten Standpunkt in der ganzen Beobachtungsperiode der preussischen Statistik 1854/78.

Wie begründet es ist, die Ursachen für den ungewöhnlichen Rückgang des Verbrechertums in dem Aufschwunge des wirtschaftlichen Lebens zu erblicken, das erweisen deutlich die nächstfolgenden Jahre; sie lehrten, wie wenig der plötzliche Aufschwung in dem Erwerbsleben des Volkes auf die Dauer von Bestand war. Das Glück der sogenannten Gründerperide schlug fast ebenso rasch, wie es gekommen war, in das Gegenteil um·

Auf allen Gebieten der Industrie war Überproduktion eingetreten, und das Missverhältnis zwischen Konsumtion und Produktion hatte einen solchen Grad angenommen, dass eine natürliche Reaktion unausbleiblich wurde. Im Sommer 1873 begann eine teilweise Krisis auszubrechen, die aber später alle Industriezweige ergriff und überhaupt eine Ausdehnung annahm, die in unserem ganzen Jahrhundert beispiellos dasteht. 1878 erreichte der wirtschaftliche Niedergang den tiefsten Punkt und erst vom folgenden Jahre ab trat eine allmähliche von Amerika und England ausgehende Besserung ein. Diese lange andauernde wirtschaftliche Stagnation hatte für die Lage vornehmlich der grossen Masse der industriellen Bevölkerung die schwerwiegendsten Folgen. Wenn es auch die Arbeiterschaft vermöge ihrer Organisation verstand, die Löhne auf der einmal errungenen Höhe im grossen und ganzen zu halten, so konnte sie doch nicht das grössere Übel verhüten, dass ein beträchtlicher Teil der Erwerbsthätigen nunmehr beschäftigungslos wurde. Die wenigsten von der ländlichen Bevölkerung, welche in die Industriebezirke eingewandert war, hatten jetzt Selbstverleugnung und sittliche Kraft genug, in ihre früheren, wenn auch stilleren und bescheideneren, so doch meistens gesicherten Verhältnisse zurückzutreten. Es vermehrte sich daher jener Prozentsatz des Proletariats ins Ungeheure, der vagabondierend im Lande sich zu ernähren sucht und allmählich zu einer schweren Landplage wurde. Erfahrungsgemäss stellt gerade dieser berufs- und beschäftigungslose Teil der Bevölkerung ein nicht geringes Contingent derer, die das „Mein" und „Dein" nicht immer streng zu unterscheiden wissen.

Die gewaltige wirtschaftliche Krisis hatte ein ausserordentlich starkes Fortschreiten der Criminalität im Gefolge. Die Vermögensdelikte, viel kräftiger noch die übrigen strafbaren Handlungen, zeigten ohne Ausnahme eine ausgeprägte Neigung zum Steigen. Die Untersuchungen vermehrten sich von 1872 bis 1878, dem letzten Jahre der preussischen Statististik, berechnet auf je 100 000 Einwohner bei der Urkundenfälschung von 3.4 auf 5.6 Fälle, beim Betruge von 11 auf 20, Raub und Erpressung von 1.4 auf 2.4, bei der Hehlerei von 46 auf 55, Unterschlagung von 20 auf 30 und beim Diebstahl von 196 auf 257. Bei einigen strafbaren Handlungen erreichte die Zunahme, wie man sieht, fast das Doppelte. Die Vermögensdelikte insgesamt zählten in den einzelnen Jahren 1871: 50 000, 1872: 56 000 1875: 59 000, 1878: 80 000 neu eingeleitete Untersuchungen.

Wenn wir an dieser Stelle unseren Blick abermals auf die wirtschaftlichen und kriminellen Zustände des Auslandes hinübergleiten lassen, so finden wir um diese Zeit teils analoge, teils entgegengesetzte Erscheinungen in der Geschichte Englands, Frankreichs und Österreichs. Entsprechend dem Aufschwunge auf allen industriellen Gebieten, den Preussen gegen Ende der sechsziger, vor allem zu Beginn der siebziger Jahre erlebte, findet sich mehr oder weniger stark in fast sämtlichen Staaten Europas ganz dieselbe Erscheinung. Grosse Kapitalien wurden allenthalben in neue Gründungen gesteckt, die zum Teil niemals gedeihen konnten, Fabriken und andere Anlagen zu übertriebenen Preisen übernommen. Insbesondere war der Gründungsschwindel in Österreich nach dem Frieden 1866 Hand in Hand mit der liberalen Verfassungsära noch toller als in Deutschland emporgeschossen. Wirth berichtet in seiner Geschichte der Handelskrisen S. 466, dass in der Zeit 1867–1873 die dortige Regierung 175 Banken, 34 Eisenbahngesellschaften, 39 Versicherungsgesellschaften, 8 Schiffahrtsgesellschaften und 604 Industrieunternehmungen mit einem Gesamtkapital von rund 4 000 Mill. Gulden konzessioniert habe. Eine Menge von Bank- und Industriepapieren entstand, aber zugleich auch eine mächtige Ausdehnung des Börsenspiels. Nach der Angabe des Moniteur des intérêts matériéls belief sich die Emissionsthätigkeit auf den europäischen und amerikanischen Plätzen während der siebziger Jahre auf folgende Summen:

1870; 4.560 Mill. M.   1875: 1.368 Mill. M.
1871: 12.560   „   „   1876: 2.920   „   „
1872: 10.110   „   „   1877: 6.322   „   „
1873:   8.722   „   „   1878: 3.644   „   „
1874:   3.368   „   „   1879: 7.520   „   „

Das kräftige Aufblühen des ganzen Erwerbslebens wirkte auch im Auslande auf die Criminalität der einzelnen Staaten äusserst günstig. Nicht allein in Preussen, auch in Österreich ist ein Rückgang des Verbrechertums von rund 32.800 im Durchschnitt der fünf Jahre 1866/70 auf 26.900 in der Periode 1871/75 zu verzeichnen. Ebenso verminderte sich Englands Criminalität während derselben fünfjährigen Perioden von 14.100 auf 11.200 Verurteilte, auf 100.000 Einwohner berechnet von 65 auf 48, mithin um 26 Proz.

Nur Frankreich machte eine Ausnahme, die aber auch ihre natürliche Erklärung findet. Dort hatte der Druck, der auf dem Lande als Folge des unglücklich verlaufenen Krieges lastete, ein Aufstreben des Wirtschaftslebens nur in sehr mässigen Bahnen zugelassen. Seit Ende der fünfziger Jahre hatte eine anhaltende Abnahme des französischen Verbrechertums stattgefunden, die den tiefsten Punkt in den Kriegsjahren 1870/71 erreichte. Zu Beginn der siebziger Jahre kam ganz im Gegensatz zu den übrigen Ländern ein Umschwung zum Schlechtern: die Eigentumsverbrechen stiegen von 2.033 im jährlichen Durchschnitt der Periode 1866/70 auf 2.479 1871/75, die Verbrechen gegen die Person von 1.083 auf 1.765. Der weitere Verlauf der französischen Wirtschaftsgeschichte dieses Dezenniums unterscheidet sich dann wesentlich von derjenigen der übrigen Länder insofern, als dieser Staat die grösste Krisis dieses Jahrhunderts so gut wie gar nicht kennt und auch sein Verbrechertum entsprechend der gleichmässigen Entwickelung des Handels und der Industrie in der Mitte und gegen Ende der siebziger Jahre eine entschiedene Neigung zur Abnahme an den Tag legt.

Ganz anders gestalteten sich, wie wir oben sahen, die Zustände unseres Landes; ganz anders ist auch das Bild, das die Wirtschaftsgeschichte und das Verbrechertum der übrigen europäischen Staaten bietet. Die wirtschaftliche Katastrophe, die 1873 einsetzte, wurde, was Dauer und räumliche Ausdehnung anbetrifft, zu der gewaltigsten aller bisherigen Erscheinungen dieser Art. Von der Wiener Börse ausgehend breitete sich die Krisis im Laufe der nächsten Jahre nach und nach über Italien, Russland, Nordamerika, Deutschland, England, Holland, Belgien und selbst Südamerika und Australien aus. Alle grossen Welthandels- und Industriepapiere wurden von ihr erfasst. Das Kapital, das durch Emission der europäischen und amerikanischen Börsen in den Verkehr gebracht wurde, sank nach den p. 41 mitgeteilten Ziffern im Jahre 1875 auf kaum $1/_{10}$ des früheren Betrages herab. Ende Mai 1873 gab es in Österreich bereits 100 Insolvenzen, und der Kursverlust bezifferte sich auf 300 Mill. fl. In England brach 1878 eine schwere Baumwollkrise aus, und bald trat auch eine allgemeine Stockung im Eisenhüttengewerbe ein. Einschränkung der Produktion, verkürzter Arbeitsverdienst schädigte die Entwickelung fast aller Industriezweige und brachte Not und Elend unter die grossen Massen. Kommt Armut, so folgt das Verbrechen, das konnte man an der Zunahme der Criminalität aller Länder, soweit sie von der wirtschaftlichen Calamität erfasst wurden, abermals deutlich beobachten. Österreichs Verbrechertum, das in der ersten Hälfte dieses Dezenniums 26.000 Verurteilte im jährlichen Durchschnitt zählte, stieg mit einem Wachstum von mehr als $10^0/_0$ in der letzten Hälfte bis zu dem jährlichen Durchschnitt von 31.400. Die Bewegung der englischen Criminalität, die zu Beginn des Jahrzehnts eine so aussorordentlich günstige Wendung zum Bessern eingeschlagen hatte, kehrte in das Gegenteil um und erreichte 1879 nach dieser Richtung hin ihren Höhepunkt.

Frankreichs wirtschaftliche Lage blieb, wie bereits hervorgehoben, von den Erschütterungen der 70er Krise ziemlich unberührt, seine Criminalität ging sogar zurück. Dagegen ist die Krisis des Jahres 1882 vorwiegend eine französische. Sie wurde hervorgerufen durch den Zusammenbruch der „Union générale", eines im grossartigsten Style angelegten Unternehmens, das mit Hülfe klerikaler Kreise 1878 in Paris gegründet war uud deren Aktien in kurzer Zeit einen hohen Kurs erreichten. Zahlreiche Versicherungsgesellschaften, Gas- und Kohlenwerke, Transportunternehmungen wurden zum Teil auch im Auslande durch die „Union générale" neu geschaffen oder übernommen. Unter anderen errichtete sie im Auslande die Österreichische Länderbank am 13. November 1880 und erhielt sogar von der österreichischen Regierung die Konzession zum Bau mehrerer Eisenbahnlinien (vgl. Wirth. „Geschichte des Handelskrisen" S. 622). Das Unternehmen nahm jedoch einen jähen Verlauf und kam Anfang 1882 zum Sturz mit einem Passivbestand von über 100 Mill. frs. Die gedrückte Lage des Geschäftsganges, welche das Missglücken der „Union générale" zur Folge hatte, erzeugte eine bemerkenswerte Veränderung unter den Criminaldaten Frankreichs. Die Verbrechen gegen das Eigentum, 1.720 im Durchschnitt der Periode 1881/85, erfuhren 1882 eine Steigerung bis 1.978, die Verbrechen gegen die Person eine solche von der Durchschnittszahl 1.600 auf 1.666. Der Überschuss in der ersten Gruppe beträgt ziemlich 15 Proz.

Im Laufe der achtziger Jahre erholte sich das Erwerbsleben in allen Kulturstaaten, die von den beiden letzten Krisen zum Teil sehr hart mitgenommen waren, allmählich von den Störungen des wirtschaftlichen Marktes. Wenn wir zunächst die heimatlichen Zustände ins Auge fassen, so finden wir, dass Preussen zu Beginn dieses Dezenniums noch schwer zu leiden hat unter dem Druck, den die 70er Krisis heraufbeschworen hatte, dass dann aber auch hier für Handel und Industrie wieder bessere Zeiten kamen. Die Glanzperiode des vorhergehenden Dezenniums wurde allerdings nicht wieder erreicht, aber das Erwerbsleben blieb wenigstens von Rückschlägen verschont. Die Lage der arbeitenden Klassen ging wieder einer langsamen, aber stetigen Besserung entgegen. Parallel mit dieser Entwickelung auf dem Gebiete des Wirtschaftslebens nahm die Gruppe der Vermögensdelikte einen Verlauf, der gleichfalls wenig Unterbrechungen aufweist und im allgemeinen eine bemerkenswerte, von Jahr zu Jahr anhaltende Neigung zur Abnahme an den Tag legt. Bei dem Diebstahl kam z. B. auf 100.000 strafmündige Einwohner Preussens 1882 die verhältnismässig hohe Anzahl von 337 Verurteilten, während die jährliche Durchschnittszahl für die zehnjährige Periode 1882/91 nur 298 beträgt. Die niedrigste Ziffer dieser Periode: 262 fällt auf das Jahr 1888. Bei den Vermögensdelikten insgesamt sinkt die Zahl 545 (1882) in jedem Jahre und gelangt 1888 auf 466 an. Die absoluten Ziffern der Verurteilten betragen 1882 rund 104.000, 1888: 93.000. Ähnlich gestaltete sich die wirtschaftliche Entwickelung in den übrigen Staaten. Die grossen Anleihen, welche die europäischen Grossmächte wegen der drohenden Kriegsgefahr gegen Ende der achtziger Jahre aufnahmen, gaben der Spekulation neue Nahrung. Zahlreiche Aktiengesellschaften und Kartelle der wichtigsten Industriezweige kamen von neuem zustande. Die Industrieaktien und die Kursbewegung überhaupt erfuhren allgemein erhebliche Steigerungen. Hand in Hand mit der Gesundung der wirtschaftlichen Zustände ist in gleicher Weise wie bei uns auch in den übrigen Staaten während der zweiten Hälfte dieses Dezenniums gegenüber der ersten ein beachtenswerter Rückgang des Verbrechertums zu konstatieren, in Frankreich um 7 Proz., in Österreich um 9 Proz., in England sogar um mehr als 20 Proz.

Die erfreuliche Richtung, welche die Criminalität gegen das Vermögen in Preussen seit Beginn der Reichskriminalstatistik innegehalten hatte, erlitt aber noch im letzten Jahre des Dezenniums einen plötzlichen Rückschlag. Bei dem eingetretenen Mangel an Unternehmungslust und der Einschränkung in Handel und Fabrikation drohte im Jahre 1889 das Gespenst der Abeitslosigkeit abermals weitere Kreise zu ergreifen. Kommt dann in solchen Zeiten hinzu, dass freiwillige Arbeitseinstellungen im grösseren Massstabe stattfinden, so steht in der Regel dem Elend Thor und Thür offen. 1889 machten sich wiederum die ersten Anfänge einer geschäftlichen und industriellen Krisis bemerkbar, nachdem diejenige des vorhergehenden Jahrzehntes kaum völlig überwunden war. Immerhin waren die Absatzverhältnisse dieses Jahres, verglichen mit denjenigen der nachfolgenden Jahre, noch leidlich gute. Dagegen nahmen die Arbeitseinstellungen bereits solche Dimensionen an, wie man sie früher nicht gekannt hat. Namentlich legten die Arbeiter, die im Bau- und Braugewerbe thätig sind, vor allen aber die Bergarbeiter die Arbeit zu Tausenden nieder. Der Streik der unter den westfälischen Bergarbeitern ausbrach, dann auch das Aachener, das nieder- und oberschlesische, das königlich sächsische, dann das preussische Saar-Gebiet, schliesslich auch die in der Pfalz und in Lothringen gelegenen Kohlenreviere ergriff, ist der umfangreichste, der in Deutschland jemals beobachtet wurde und umfasste weit mehr als 100,000 Personen, ganz abgesehen von den vielen Hunderttausenden von Angehörigen und der unzählbaren Menge anderer Menschen, die durch diese Calamität indirekt mit betroffen wurden. Die Krisis kam nach 1889 zum vollen Ausbruch und zog sich ihrem wesentlichen Umfang nach bis 1892 hin. Die Absatzverhältnisse verschlechterten sich zusehends; namentlich wurde der Export nach den Vereinigten Staaten durch die Mac-Kinley-Bill in einigen Artikeln empfindlich getroffen. Die Folgen der Bill zeigten sich für gewisse Industriezweige, so z. B.

für die Textilindustrie in ungewöhnlich schroffer Weise, und die anfangs gehegten Befürchtungen, das Gesetz würde zu einer vollständigen Abschliessung des amerikanischen Marktes führen, brachten den Geschäftsgang in fast allen Zweigen der Industrie zu mehr oder minder rasch vorübergehenden Stockungen. Auch die Arbeitseinstellungen und Aussperrungen häuften sich, und dass gerade Streiks die schädlichsten Rückwirkungen auf das Wirtschaftsleben auszuüben pflegen, ist eine unbestrittene Thatsache. Zwar lässt sich der indirekte Schaden, den er durch Verringerung der Conkurrenzkraft, Abgang von Aufträgen u. s. w. herbeiführt, ziffermässig nicht berechnen. Aber der direkte Nachteil, den er den Arbeitern durch Lohnverlust, den Unternehmern durch Entgang von Zinsen, Gewinn und oftmals durch Kapitalverlust bringt, ist an und für sich schon gross genug, um Arbeitseinstellungen als ein sehr gewagtes, häufig zum Schaden der Arbeiter ausschlagendes Kampfmittel erscheinen zu lassen. Ausserdem waren in diesen Jahren, soweit statistische Mitteilungen darüber vorliegen, die für die Arbeiter ungünstig verlaufenen Streiks bedeutend mehr als die Zahl derjenigen, die eine Besserung der Arbeitsbedingungen brachten. Infolgedessen nahm die Zahl der Arbeitslosen bedenklich zu. Corvey berechnet, dass von etwa 100 Arbeitseinstellungen, die 1891 im deutschen Reiche unternommen wurden, nur 11 für die Arbeiter günstig verliefen. Die Kosten derselben sind zum Teil recht hoch: sie werden z. B. für den allgemeinen Buchdruckerstreik 1891 von ihm im „Arbeiterfreund" auf 1,582,000 M. angegeben — Summen, die allerdings gegen diejenigen mancher Streiks der jüngsten Zeit auch noch geringfügig erscheinen.

Im Auslande stand es um die wirtschaftlichen Verhältnisse zu dieser Zeit nicht besser. Der kurze Aufschwung des Wirtschaftslebens machte, veranlasst durch mancherlei Stockungen in den Absatzverhältnissen namentlich nach Amerika hin, auch hier von neuem einer recht gedrückten

Geschäftslage Platz. Auch trug die 1890 in Argentinien eingetretene Handelskrisis wesentlich zur Verschärfung der kritischen Lage in Europa bei. Vor allem geriet England durch die Entwertung der argentinischen Staatspapiere in arge Bedrängnis, die durch die Zahlungseinstellung der bedeutenden Londoner Firma Baring Brothers & Co., der Hauptvermittlerin der argentinischen Finanzgeschäfte, im November 1890 hinlänglich dokumentiert wurde.

Das Sinken der Waarenpreise, Stocken von Handel und Verkehr und der vermehrte Mangel an ausreichender Arbeitsgelegenheit, diese verhängnisvollen Merkmale der Wirtschaftsperiode 1889/92 verfehlten die gewohnten üblen Folgen auf die Bewegung der Criminalität nicht. In Österreich erhebt sich der jährliche Durchschnitt von 1890/94 gegenüber dem Durchschnitt der vorhergehenden fünf Jahre von 28.834 auf 29.483 Verurteilte, und in England steht die Periode 1892/94 beträchtlich schlechter da, als die letzten Jahre des vergangenen Dezenniums. In Preussen insbesondere erfuhren die Eigentumsdelikte eine bedeutende Zunahme, die den Höhepunkt 1892 erreichte. Es stieg von 1888 bis 1892 die Zahl der Verurteilten bei der Urkundenfälschung von 8.6 allmählich bis 11.7 auf je 100.000 über 12 Jahre alte Einwohner, beim Betrug von 36 auf 48, Hehlerei von 23 auf 30, Raub und Erpressung von 1.2 auf 1.6, Unterschlagung von 43 auf 52, Diebstahl von 262 auf 329.

Das Jahr 1892 ist für unsere Betrachtungen insofern noch von hohem Interesse, als es neuerdings den strikten Beweis dafür erbringt, dass ein Zusammenhang der Criminalität mit den Getreidepreisen nicht mehr existiert Trotzdem die Weizen- und Roggenpreise in diesem Jahre um nicht weniger als 30 M. für 1000 kg zurückgehen, ist keine Abnahme, sondern noch eine nicht unbedeutende Zunahme des Verbrechertums zu konstatieren. Sie beträgt bei der Gesamtsumme der Vermögensdelikte auf 100.000

strafmündige Einwohner noch 55, in absoluten Ziffern mehr als 13.000 Verurteilte.

In der jüngsten Zeit gehen die wirtschaftlichen Verhältnisse wiederum einer gedeihlichen Entwicklung entgegen. Unter dem Schutze des Friedens und in der Zuversicht auf dessen möglichst dauernde Erhaltung hat sich der Welthandel in der Gegenwart zusehends gehoben. Die Consumfähigkeit der Völker ist, unterstützt durch die Fürsorge, die den unbemittelten Klassen mehr und mehr zugewandt wird, gestiegen und hat der Industrie den Anlass zu lebhafter Beschäftigung gegeben, die sich belebend von einem Zweige auf den anderen fortpflanzt. Bei uns insbesondere wirken die neu abgeschlossenen Handelsverträge den Gefahren, die zu Beginn der neunziger Jahre dem Wirtschaftsleben drohten, mit Erfolg entgegen. Diese Entwicklung schreitet langsam vorwärts, wird von keinerlei grösseren Hindernissen gehemmt und hat in der Gegenwart das industrielle Leben zu einer hohen Blüte gebracht, die nicht allein im Interesse des grossstädtischen Arbeiters und Unternehmers, sondern als die Grundlage zur Hebung des allgemeinen Wohlstandes allenthalben mit Genugthuung anerkannt wird. Mit dem Aufschwunge der gewerblichen Thätigkeit, mit den gesteigerten Bedürfnissen der stark anwachsenden Bevölkerung hat sich der Verkehr der Nationen untereinander im Geben und Nehmen mächtig entfaltet. Speziell in Deutschland konnte dies nirgends mehr empfunden und beobachtet werden als in Hamburg, wo nach dem Bericht der dortigen Handelskammer von 1872 bis 1895

die Waarenausfuhr seewärts
von 621 Mill. kg und 516 Mill. M.
auf 2978 Mill. kg und 1337 Mill. M.,
die Waareneinfuhr seewärts
von 2138 Mill. kg und 953 Mill. M.
auf 6369 Mill. kg und 1661 Mill. M.
gestiegen ist.

Der Gang der Criminalität passte sich dieser wirtschaftlichen Entwicklung vollkommen an. In England trat seit 1894 auf diesem Gebiete eine entschiedene Wendung zum Besseren ein. Die Criminaldaten über die Verurteilten — 1894 noch 9.797 an der Zahl — sinken von Jahr zu Jahr und erreichen 1896, dem letzten der Beobachtungsperiode, den niedrigsten Stand mit 7.855; auf 100.000 Einwohner kommen 1891/95 im jährlichen Durchschnitt 32, 1896 nur 29 Verurteilte. Dieselbe Bewegung des Verbrechertums hat Preussen aufzuweisen. Die Abnahme in der Gruppe der Vermögensdelikte beläuft sich für 100.000 strafmündige Einwohner von 575 (1892) auf 528 (1894). Die hier in Betracht kommenden absoluten Zahlen sind 1893/95: 112- 114.000 gegenüber 122.000 im Jahre 1892.

Die Veröffentlichungen der Reichscriminalstatistik für die letzte Zeit stehen noch aus. Ohne Zweifel wird aber die Statistik einen weiteren Rückgang des Verbrechertums aufzuweisen haben entsprechend dem heutigen Stande des Erwerbslebens. Denn Verdienst und Beschäftigung, die reichlich vorhanden sind, bilden heute die Grundlage für die Gestaltung der wirtschaftlichen Lage unter den breiten Schichten der Bevölkerung, und je mehr das industrielle Erwerbsleben die Aufgabe erfüllt, einem stets wachsenden Prozentsatz der Arbeiterschaft Aufnahme zu gewähren, desto unverkennbarer wird sich zeigen, dass ein Darniederliegen desselben die ausschlaggebende Ursache gewesen ist, wenn die Statistik eine Vermehrung der Criminalität zu verzeichnen hat.

Die Delikte gegen die Person und öffentliche Ordnung.

Die tabellarischen Übersichten für die Perioden 1854/78 und 1882/96, die zusammengefasst für jede der beiden Deliktsgruppen pag. 19—21 zu ersehen sind, geben für die Bewegung der einzelnen hierher gehörigen strafbaren Handlungen, berechnet auf je 100 000 Einwohner [1]), bezw. strafmündige Einwohner, nachstehendes Bild:

A. Delikte gegen die Person, 1854/78: eingeleitete Untersuchungen, 1882/95: Verurteilte.

Jahrgänge	Verbrechen und Vergehen gegen die Sittlichkeit	Beleidigung	Mord und Totschlag	Körperverletzung überhaupt	Körperverletzung als Verbrechen strafbar	Verbrechen u. Vergehen wider die persönl. Freiheit
1854	8.7	32	1.1	34	6.7	0.9
1855	10.2	32	0.9	32	4.5	0.7
1856	10.8	34	0.9	37	3.0	0.8
1857	12.6	36	0.9	42	1.8	1.0
1858	12.5	40	0.8	46	1.8	1.1
1859	13.1	39	0.8	47	1.8	1.0
1860	12.4	40	0.9	46	1.5	0.8
1861	11.6	33	0.7	44	1.7	1.0
1862	12.9	39	0.8	49	1.4	1.4
1863	14.2	40	0.7	53	1.6	1.2
1864	14.0	43	0.9	54	1.6	1.4
1865	14.9	44	0.8	58	1.7	1.3
1866	13.4	40	0.8	50	1.5	1.3
1867	14.0	44	0.9	50	1.6	1.0
1868	14.8	47	0.9	52	2.8	1.0
1869	14.9	45	1.0	58	2.8	1.3
1870	12.3	39	0.8	49.	1.9	1.1
1871	5.3	26	0.7	39	1.2	1.2
1872	6.2	34	0.8	50	2.0	1.8
1873	6.7	38	0.9	56	2.4	2.8
1874	7.8	47	1.1	64	3.0	3.3
1875	8.2	50	1.2	65	2.9	3.6
1876	9.3	51	1.2	73	5.5	4.1
1877	11.1	54	1.3	86	5.0	4.7
1878	12.3	54	1.4	89	2.5	5.5

[1]) Die Zahlen sind von mir berechnet.

Jahrgänge	Verbrechen undVergehen gegen die Sittlichkeit	Beleidigung	Mord und Totschlag	Einfache Körperverletzung	Gefährliche Körperverletzung	Nötigung und Bedrohung
1882	7.8	117	1.0	60	111	10
1883	7.6	119	1 0	63	121	11
1884	7.6	127	0.8	68	142	15
1885	7.6	119	0.9	65	151	17
1886	8.9	124	0.8	68	153	19
1887	8.8	133	0.8	68	163	19
1888	9.1	130	0.6	64	156	18
1889	8.4	131	0.6	68	166	21
1890	8.8	138	0.6	74	175	23
1891	8.5	133	0.6	74	173	24
1892	9.0	137	0.9	76	177	26
1882/91	8.3	129	0.8	68	153	18
1894	10.5	156	0.7	87	208	29
1895	10.9	161	0.7		220	
1896	11.1	158	0.6		220	

B. Delikte gegen die öffentliche Ordnung (Staat, öffentliche Ordnung, Religion), 1854/78 [1]: eingeleitete Untersuchungen, 1882/96 [2]: Verurteilte.

Jahrgänge	Widerstand gegen die Staatsgewalt	Verb. u. Verg. wider die öffentliche Ordnung	Meineid	Münzverbrechen und -Vergehen	Beleidigung des Landesherrn
1854	18.6		3.0	0.83	0.63
1855	18.2	16.7	2.6	0.64	0.71
1856	18.0	23.2	2.7	0.71	0.40
1857	19.5	29.8	2.9	0.49	0.34
1858	19.7	28.7	2.7	0.50	0.53
1859	18.6	26.9	2.9	0.48	0.68
1860	19.7	30.2	3.0	0.39	0.51
1861	17.2	29.6	3.0	0.42	0.38
1862	19.9	29.0	3.0	0.50	0.47

1) Die Zahlen sind von mir berechnet.
2) Die Zahlen sind entnommen den Statistischen Jahrbüchern für das deutsche Reich, herausg. vom Kaiserl. Statistischen Amt.

— 52 —

Jahrgänge	Widerstand gegen die Staatsgewalt	Verb. u. Verg. wider die öffentliche Ordnung	Meineid	Münzverbrechen und -Vergehen	Beleidigung des Landesherrn
1863	20.8	26.9	3.2	0.38	1.16
1864	23.1	26.6	3.2	0.40	1.00
1865	23.8	28.1	3.4	0.28	0.64
1866	23.4	24.2	3.1	0.39	1.94
1867	23.1	21.9	3.0	0.49	0.91
1868	22.5	22.8	3.4	0.57	0.54
1869	23.5	23.6	3.6	0.48	0.38
1870	19.0	21.7	3.1	0.36	0.66
1871	19.4	17.9	2.4	0.45	0.96
1872	23.6	26.4	3.2	0.38	0.67
1873	24.7	31.8	3.2	0.41	0.73
1874	28.6	43.7	3.7	0.45	1.23
1875	32.2	41.3	3.8	0.87	1.26
1876	32.7	47.0	4.2	1.21	0.86
1877	33.8	43.4	4.8	1.45	0.93
1878	33.7	49.6	5.5	2.24	9.93

Jahrgänge	Gewalt etc. gegen Beamte	Hausfriedensbruch	Meineid	Verletzung der Wehrpflicht
1882	40	56	3.1	49
1883	39	52	2.7	54
1884	42	60	3.0	55
1885	40	57	3.0	57
1886	42	61	2.5	61
1887	43	58	2.8	68
1888	39	53	2.5	72
1889	39	58	2.6	61
1890	40	59	2.7	61
1891	40	57	2.5	56
1892	41	59	2.5	58
1882/91	41	58	2.8	60
1894	47	62	2.3	51
1895	47	65		
1896	47	63		

Moralstatistiker früherer Jahrzehnte, unter anderen der Theologe Alexander v. Oettingen[1]), haben die Behauptung aufgestellt, dass hohe Getreidepreise nicht allein eine vermehrte Criminalität gegen das Vermögen im Gefolge hätten, sondern auch eine Einwirkung auf die Deliktsgruppen gegen die Person und die öffentliche Ordnung ausübten und zwar in dem Sinne, dass die Strafthaten dieser Art in solchen Zeiten fast stets sich verringerten. Nun lässt sich im allgemeinen hierfür wohl sagen, dass um so weniger Anlass zu Mutwillen, Rohheit und unbezähmter Geschlechtslust gegeben ist, je grösser die Nahrungsbeschwerung wird und dass sich in teueren Jahren früher nicht selten eine Tendenz in der Criminalität zeigte, die sich durch einen Rückgang der Delikte gegen die Person und öffentliche Ordnung von den billigen Jahren vorteilhaft abhob. In der That wiesen denn auch diese Deliktsgruppen in Preussen in der Teuerungsperiode 1854/56 einen abnorm niedrigen Stand auf, der sich ganz beträchtlich unter dem Durchschnitt der ganzen Beobachtungsperiode hielt. Die Untersuchungen auf je 100 000 Einwohner betrugen 1854/56 bei den Personendelikten 78—81, bei den Delikten gegen die öffentliche Ordnung 41 und 47, gingen aber in der zweiten Hälfte dieses Dezenniums, wo niedrige Getreidepreise eintraten, bedeutend in die Höhe und erreichten in der ersten Gruppe mit 103, in der zweiten mit 55 den Höhepunkt.

Es lässt sich hieraus schliessen, dass in den fünfziger Jahren in gewissem Sinne ein derartiger Zusammenhang zwischen der Criminalität gegen die Person und öffentliche Ordnung und den Getreidepreisen in der That bestanden hat, obgleich dies nicht so scharf hervortritt, als zwischen Getreidepreisen und Eigentumsdelikten. Aber frühzeitiger als bei den letzteren zeigte sich hier die Lückenhaftigkeit dieser Regel. Schon die Jahre 1867/68 mit den hohen Getreidepreisen gaben ein ganz anderes Bild, als man er-

---

1) v. Oettingen „Die Moralstatistik in ihrer Bedeutung für eine Sozialethik" S. 486.

warten müsste. Statt Verminderung trat eine wesentliche Vermehrung der Delikte ein. Die Personendelikte zählten 1867—1869: 112, 117, 126, die Delikte gegen die öffentliche Ordnung 51, 52, 53 Untersuchungen auf 100 000 Einwohner, liessen also einen Einfluss der Getreidepreise in dem hervorgehobenen Sinne nicht mehr erkennen.

In höherem Masse noch als bei den Vermögensdelikten hatten bei den übrigen strafbaren Handlungen die Kriege, der deutsch-österreichische Krieg und der Ausbruch des Krieges 1870, eine Abnahme des Verbrechertums im Gefolge. Von 1869 auf 1870 betrug die Verminderung der eingeleiteten Untersuchungen in absoluten Zahlen in der Deliktsgruppe gegen die öffentlich Ordnung rund 1,300, gegen die Person sogar mehr als 4,000, bei einzelnen Delikten auf 100,000 Einwohner berechnet: Widerstand gegen die Staatsgewalt von 23,5 auf 19,0, Verbrechen und Vergehen wider die öffentliche Ordnung (im engeren Sinne) von 23,6 auf 21,7, Körperverletzung von 58 auf 49, Beleidigung von 45,2 auf 39,1.

Die Gründe für diese Erscheinung lagen wie bei den Eigentumsdelikten teils in der Abwesenheit eines Teils der kriminalfähigen Bevölkerung, teils in der sittlichen Hebung des Collectivgeistes durch die Kriegsgefahren. Unter dem Eindruck der kriegerischen Ereignisse schwand auch mehr und mehr der Unterschied der politischen Parteien, zu anderen Zeiten oftmals der Anlass zum Zank und Streit·

1871 fand ein weiterer Rückgang der Delikte statt, und man kann während der nächsten Jahre einen andauernd niedrigen Stand auch bei diesen Deliktsgruppen beobachten. Bei einzelnen Delikten war die enorme Abnahme allerdings zumeist der veränderten Strafgesetzgebung zuzuschreiben, wie oben bereits angedeutet. So gingen z. B. die Untersuchungen wegen Verbrechens und Vergehens wider die Sittlichkeit von 2,451 Fällen (1870) auf 1,072 (1871) herab, sicherlich vor allem aus dem Grunde, weil seit dem 1. Januar 1871 zur Bestrafung wegen derartiger Delikte die Stellung des Strafantrags Bedingung wurde. Es giebt ja nach dem Morde kaum ein zweites Gebiet in der gesamten Criminalität, das in solchem Grade wie das Verbrechen wider die Sittlichkeit das menschliche Gefühl zu empören vermag. Die herrschenden Anschauungen über die Keuschheit und Reinheit als ein heiliges, unverletzliches Gut, das die Familienerziehung mit allen religiösen und sittlichen Grundsätzen zu erhalten sucht, machen es natürlich, dass in vielen Fällen, wo ein Eingriff in die Integrität eines Menschen erfolgt ist, die verletzte Person selbst Stillschweigen darüber bewahrt, dass es aber andererseits auch im Interesse der Familie liegt, die Vergewaltigung eines ihrer Angehörigen nach Möglichkeit nicht ruchbar werden zu lassen, da trotz der Unschuld und Hülflosigkeit der misshandelten Person leider immer ein Flecken auf ihrem Rufe haften bleibt. Häufiger unterblieb die Stellung des Strafantrags auf Grund eines schamlosen Handels mit dem Übelthäter, einer Geldabfindung der verletzten Person; der Verbrecher konnte sich auf diese Weise, auch wenn die Unthat in der Öffentlichkeit bekannt wurde, oft mit leichter Mühe der gerichtlichen Strafe entziehen.

Hält man diese Gesichtspunkte fest, so hat man eine Erklärung einerseits für die ungeheure Abnahme der vor das richterliche Forum gezogenen Sittlichkeitsdelikte von 1871 ab und andererseits für die rasche Zunahme derselben mit dem Jahre 1876, wo man sich genötigt sah, das Antragserfordernis in den schwersten Fällen wieder zu beseitigen.

Im ganzen genommen beruhte der ungewöhnliche Tiefstand der Criminalität gegen die Person und die öffentliche Ordnung unmittelbar nach dem Kriege auf den gleichen Ursachen wie derjenige der Vermögensdelikte. Vor allen Dingen trug der Aufschwung der Industrie, hohe Arbeitslöhne und reichliche Arbeitsgelegenheit auch dazu bei, die Zufriedenheit der Bevölkerung mit den bestehenden gesellschaftlichen Zuständen und staatlichen Einrichtungen nach

Möglichkeit zu erhalten und zu stärken. Der Gegensatz hierzu zeigte sich auch sogleich durch Zunahme der Delikte, als um die Mitte des Dezenniums die wirtschaftlichen Verhältnisse bergab gingen. In bedeutend stärkerem Masse noch als bei den Eigentumsdelikten trat dann bei den übrigen Delikten die Zunahme des Verbrechertums zu Tage. Die neu eingeleiteten Personendelikte, in der Periode 1871/73 jährlich zwischen 15 —21,000 schwankend, steigerten sich bis 1878 auf 35,650 Untersuchungen, die Delikte gegen die öffentliche Ordnung, in derselben Periode zwischen 8—13,000 sich bewegend, standen 1878 auf 22,339. Auf 100,000 Einwohner berechnet, stiegen die Untersuchungen bei den einzelnen Delikten von 1872—1878: Körperverletzung von 50 auf 89, Beleidigung von 34 auf 54, Widerstand gegen die Staatsgewalt von 23 auf 33, Verbrechen und Vergehen wider die öffentliche Ordnung von 26 auf 49, Münzverbrechen und- Vergehen von 0,38 auf 2,24, Meineid von 3,2 auf 5,5.

Die gewaltige wirtschaftliche Krisis seit 1873 wurde von der charakteristischen Erscheinung begleitet, dass während derselben die Unzufriedenheit mit den bestehenden wirtschaftlichen, gesellschaftlichen und staatlichen Zuständen weitere Kreise als bisher ergriff, dass sie die Gemüter verbitterte und scharfe Gegensätze und Kämpfe der Erwerbsklassen gegen einander, insbesondere den Kampf der Arbeit gegen das Kapital heraufbeschwor. Das Bedürfnis nach einer wirtschaftlichen Reform wurde mehr und mehr erweckt, die nach dem Willen der Gewaltthätigen mit Gewalt, nach der Anschauung der Besonnenen durch eine soziale Gesetzgebung zu erstreben ist, und das ganze öffentliche Leben ist seit den siebziger Jahren von dieser Idee beherrscht. In der zahlreichen Klasse der Arbeiter erwachte allgemeiner als bisher das Klassen- und Machtbewusstsein, welches sie oftmals zu rohen Gewaltthätigkeiten treibt. Die grosse Masse begnügte sich nicht mehr damit, ihre Bestrebungen lediglich oder vornehmlich ökonomischen Zielen zuzuwenden. Vielfach gewann das rein politische Moment die Oberhand und erzeugte Vereinigungen, hauptsächlich in den Grossstädten, in denen der Hass gegen die bestehenden staatlichen und gesellschaftlichen Institutionen erweckt und geschürt wurde. In Wort und Schrift suchte eine wohlorganisierte Agitation in den ärmeren und weniger gebildeten Schichten der Bevölkerung die Unzufriedenheit mit ihrer Lage und die Überzeugung von der Hoffnungslosigkeit derselben unter der bestehenden Rechtsordnung zu verbreiten und sie zu Neid und Hass gegen die übrigen Klassen der bürgerlichen Gesellschaft aufzureizen. Die sittlichen und religiösen Überzeugungen, welche die Gesellschaft zusammenhalten, wurden erschüttert, Ehrfurcht und Pietät verhöhnt, dit Rechtsbegriffe der Massen verwirrt und die Achtung vor dem Gesetz untergraben. Die Autorität des Staates begann unter solchen Verhältnissen mehr und mehr zu schwinden; die Massen wurden geneigter zu Widersetzlichkeiten und Angriffen, die sich gegen den Staat, die öffentliche Ordnung und gegen die Religion richten. Dies äusserte sich namentlich bei den strafbaren Handlungen, die sich als Widerstand gegen die Staatsgewalt und als Delikt wider die öffentliche Ordnung charakterisieren — die ersteren 1872: 4,787, 1878: 7,273, die letzteren 1872: 5,360, 1878: 10,724 neu eingeleitete Untersuchungen.

Nicht minder weist die tabellarische Übersicht eine bedeutende Zunahme der Personendelikte auf. Beleidigung und Körperverletzung, namentlich die schwere Körperverletzung treten in dieser Hinsicht sehr ungünstig hervor. Die ersteren erfuhren 1872/78 eine Vermehrung von 6,913 auf 11,850 Untersuchungen, die Körperverletzungen während derselben Zeit eine solche von 9,906 auf 19,135. Wenn auch dieses ausserordentliche Steigen teilweise auf die Strafrechtsnovelle vom 26. Februar 1876 zurückzuführen ist, so lässt dennoch sich nicht in Abrede stellen, dass gerade die Rohheitsdelikte, meist verübt durch den Gebrauch des Messers, namentlich in den niederen Volksschichten in geradezu erschreckender Weise überhandnahmen. Dies beweisen nicht allein die Criminaldaten aus der zweiten Hälfte der siebziger Jahre, die Statistik bestätigt dies aus den achtziger Jahren und bis auf den heutigen Tag. Bedenklich ist gerade die Zahl der gefährlichen Körperverletzungen bis in die Gegenwart angewachsen. 1882 mit 111 Verurteilten auf 100,000 strafmündige Einwohner kamen sie mit fast ununterbrochen jährlicher Zunahme 1895 auf 220. Ein enger Zusammenhang mit der wirtschaftlichen Bewegung liegt bei diesem Delikt augenscheinlich nicht vor.

Dagegen ist derselbe bei den Meineidsdelikten wiederum klar nachzuweisen. Die eingeleiteten Untersuchungen stiegen von 1872 bis 1878 fast um das Doppelte, von 659 auf 1194. Nicht jeder kann, auch wenn er wollte, dieses Delikt verüben und einen Meineid oder falschen Eid leisten, denn hierzu ist erforderlich, dass er zunächst vom Richter zur Ableistung eines Eides aufgefordert wird und diese Aufforderung ist dadurch bedingt, dass sich aus den dem Richter zur Bearbeitung vorliegenden Sachen der Anlass ergiebt, die Ableistung von Eiden, sei es in der eigenen Sache oder als Zeuge, von gewissen Personen zu verlangen. Eine Zu- oder Abnahme der Meineide wird daher in erster Linie von dem jeweiligen Umfange der Rechtsgeschäfte, der Prozesse abhängen, die Eidesabnahmen nötig machen. Nun vermehrten sich nach den Aufzeichnungen von Starke[1]) die Civilprozesse 1854—1878 um 92 Proz., die Einwohnerzahl indes nur um 27 Proz. Vorzugsweise fiel diese enorme Steigerung als Folge des wirtschaftlichen Niedergangs in die Mitte der siebziger Jahre. Am stärksten war die Zunahme bei den Wechsel- und Merkantilsachen, die 1871/73 60.000 Civilklagen im jährlichen Durchschnitt nicht erreichten, 1876—1877 dagegen zwischen 120 und 135.000 schwankten. In der traurigen wirtschaftlichen Lage zu dieser Zeit liegt die Erklärung für diese

---

1) **Starke**, „Verbrechen und Verbrecher", S. 168.

ungeheuere Vermehrung und für die hohe Zahl der Meineide.

In den späteren Jahren kamen bemerkenswerte Schwankungen in der Bewegung der Meineindsdelikte kaum vor. Durchaus analog der wirtschaftlichen Entwicklung ist ihre Anzahl 1882 mit 3,1 Verurteilten auf 100.000 strafmündige Einwohner etwas höher als der zehnjährige Durchschnitt 1882/91, der sich auf 2.8 beläuft, sinkt dann nach und nach bis auf 2.5 im Jahre 1888, steigt wiederum auf 2.6 und 2.7 in den nachfolgenden Jahren der wirtschaftlichen Krisis und fällt schliesslich abermals auf 2.5.

Eine ebensolche oder noch grössere Gleichmässigkeit herrscht bei dem Gang der Delikte, die sich als Beleidigung des Landesherrn kennzeichnen. Eine Ausnahme bildet hier nur das Jahr 1878. Die Untersuchungen, die vor- und nachher selten mehr als eine auf 100.000 Einwohner ausmachen, zählten in diesem Jahre 9.93. Diese Erscheinung steht ohne Zweifel in engster Verbindung mit den beiden 1878 verübten Mordversuchen gegen die Person des Landesherrn. Lange Zeit hindurch bildeten diese Verbrechen das Tagesgespräch, und in der gewaltigen Erregung, die sich überall geltend machte, wurde dann jede Äusserung, welche nur entfernt den Charakter einer Majestätsbeleidigung an sich trug, jede Äusserung, die nicht die erforderliche Ehrerbietung an den Tag legte, zur Anzeige gebracht. Die Untersuchungen wegen Majestätsbaleidigung häuften sich daher in ganz unerhörtem Umfange — innerhalb zweier Jahre von 202 auf 1.994.

Im Gegensatz hierzu zeigen die strafbaren Handlungen der Freiheitsberaubung seit Anfang der siebziger Jahre bis auf die Gegenwart eine scharf ausgeprägte Tendenz zur Zunahme, vor allen Dingen seit 1876, zum Teil aus dem äusserlichen Grunde, dass das Antragserfordernis für diese Delikte wegfiel, zum anderen und grösseren Teil aus ebendenselben Gründen, die wir für die Vermehrung der Körperverletzungen und Beleidigungen als massgebend gefunden haben und noch finden werden. Die Zunahme der Delikte wider die persönliche Freiheit beläuft sich noch in der kurzen Zeit 1882/94 von 10 auf 29 Verurteilte für je 100.000 über 12 Jahre alte Einwohner, fast das Dreifache.

Die Hauptsachen dafür, dass dieses Delikt wie überhaupt die meisten, die sich gegen die Person und die öffentliche Ordnung richten, besonders die Körperverletzungen, die

	1854 rund	5.000
	1868 „	10.000
	1878 „	19.000 Untersuchungen
Beleidigung	1854 rund	5.000
	1878 „	11.000
Widerstand gegen die		
Staatsgewalt	1854 rund	3.000
	1878 „	7.000
Verbrechen und Vergehen wider die		
öffentl. Ordnung	1855 rund	2.800
	1878 „	10.700 Untersuchungen

zählen, noch bis auf die Gegenwart fortgesetzt zunehmen:

Personendelikte	1882 rund 62.800
	1895 „ 122.000
Delikte gegen die	
öffentl. Ordnung	1882 rund 34.500
	1895 „ 51.700 Verurteilte,

sind neben der wachsenden Unzufriedenheit mit den heutigen gesellschaftlichen Zuständen einerseits in dem Einfluss zu suchen, den als üble Beigabe die Ausbreitung der Grossindustrie auf die Störung des Familienlebens zu haben pflegt und den damit zusammenhängenden Mangel sittlicher und religiöser Erziehung, die frühzeitige Nötigung zum selbständigen Erwerb oftmals ohne hinreichende Vorbildung für eine bestimmte Erwerbsthätigkeit, andererseits in der heutigen Genusssucht und nicht zum wenigstens gerade in den schädlichen Einwirkungen, welche der übermässige Genuss des Alkohols auszuüben pflegt; denn dass dieser Übelstand eine sehr ergiebige Quelle für die Vermehrung der Criminalität ist, dürfte kaum bezweifelt werden.

Infolge der enormen Verbreitung, die der Alkohol als Genussmittel fast allenthalben gefunden hat, erstrecken sich seine unheilvollen Wirkungen nicht nur auf das einzelne Individuum; sie sind fühlbar für die ganze Gesellschaft und erfordern deshalb immer mehr das Interesse der Ärzte, Gesetzgeber und Nationalökonomen. Die Trunkenheit macht den Menschen geneigt, gesetzwidrige Handlungen zu begehen, weil durch dieselbe die Selbstbestimmung und Selbstbeherrschung geschwächt wird und desto heftiger Triebe und Neigungen hervortreten, die im nüchternen Zustande durch den überlegenen Willen zurückgedrängt werden. Im Rausche wird die Überhebung zur Empfindlichkeit und artet, sobald sie auf Widerstand stösst, aus zu vorschnellem Handeln, rohen Worten, zu sofortiger Rache durch Misshandlungen und Körperverletzungen. In diesem Zustande betrügerischer Selbstüberschätzung widersetzt sich der Mensch nur zu leicht den Anordnungen der Behörden. Trunkene Haufen sind immer geneigt zu Gewaltthätigkeiten, Zerstören von Gebäuden und anderen Gesetzwidrigkeiten. Nicht minder haben die geschlechtlichen Ausschweifungen und Delikte gegen die Sittlichkeit oftmals ihre Ursache in der Trunkenheit des Thäters.

Darf hierbei auch nicht übersehen werden, dass eine gewisse Zahl von Verbrechen, die in der Trunkenheit begangen sind, auch verübt worden wären, wenn der Thäter diesem Übel nicht ergeben gewesen wäre, so ist es doch andererseits ebenso gewiss, dass Trunksucht oder Trunkenheit in zahlreichen Fällen gerade das Moment bildet, ohne dessen Vorhandensein das Verbrechen nicht zur Ausführung gelangt sein würde. Interessante Untersuchungen nach dieser Richtung hin hat im Jahre 1876 der Oberarzt Dr. Baer am Strafgefängnis Plötzensee angestellt[1]). Er suchte den Einfluss des Alkoholismus auf die Criminalität festzustellen und zog zu diesem Zwecke von 120 Gefangenenaustalten aus allen Teilen des deutschen Reiches Ermittelungen ein. Es stellte sich dabei heraus, dass von den 32.837 Gefangenen dieser Anstalten nicht weniger als 13.706 oder 41.7 Proz. dem Trunke ergeben waren. Im einzelnen geht aus seinen Nachforschungen hervor, dass unter der Einwirkung des Alkohols verübt waren: Mord in 46.1 Proz. der Fälle, Totschlag in 63.2 Proz., Körperverletzungen leichterer Art in 63.4 Proz., schwerer Art in 74.5 Proz., Hausfriedensbruch in 54.2 Proz., Not- und Unzucht in 60.2 Proz., Widerstand gegen die Staatsgewalt in 76.5 Proz., Vergehen gegen die Sittlichkeit in 77 Proz. Zu ungefähr denselben Prozentsätzen gelangte er bereits einige Jahre vorher bei seinen Beobachtungen an den Gefangenen im Strafgefängnis Plötzensee.

Aus neuerer Zeit liegen allerdings derartige Ermittelungen nicht vor, dennoch aber erscheint es zweifellos, dass die Vermehrung der Delikte gegen die Person und öffentliche Ordnung zu einem guten, freilich nicht näher zu bestimmenden Teil auf der zunehmenden Verbreitung des Alkoholismus beruht. Dieser Ansicht stimmen gerade diejenigen am allermeisten bei, die das Leben der Verbrecher am besten kennen lernen, die Richter und Strafvollzugsbeamten. Einige Zahlenangaben über die Grösse und Steigerung des Bier- und Branntweinverbrauchs werden es deutlich machen, eine wie einschneidende volkswirtschaftliche Frage die Alkoholfrage mit der Zeit geworden ist. Wenn man die Brausteuergebiete, welche Bayern, Württemberg, Baden und Elsass-Lothringen selbständig für sich bilden, ausser Betracht lässt, so ergiebt sich für das übrige deutsche Steuergebiet nach dieser Seite hin folgendes

---
[1] Baer, „Die Trunksucht und ihre Abwehr", S. 44.

Material (vgl. hierüber v. Schönberg „Finanzwissenschaft und Verwaltungslehre" 4. Aufl. 1. Bd. S. 533 und 560). Es betrug auf den Kopf der Bevölkerung

1. der Bierverbrauch:		2. der Branntweinverbrauch:	
im Rechnungsjahr	l	im Rechnungsjahr	l
		1887/88	3.6
1880/81	62.2	1889/90	4.7
1885/86	69.0	1892/93	4.5
1890/91	87.8	1893/94	4.4
1895/96	97.1	1894/95	4.3

Entschieden am verderblichsten für die Moralität des Volkes ist der übermässige Genuss von Branntwein, der allerdings in diesem Dezennium etwas zurückgegangen ist. Im Jahre 1885/86 belief sich die Produktion in der Branntweinsteuer-Gemeinschaft auf rund 4 Mill. Hektoliter, wovon 3 Mill. auf den Trinkkonsum, 1 Mill. auf den Export und industriellen Verbrauch zu rechnen sind. Die jährliche Produktion 1887/95 stellte sich auf rund 3 Mill. Hektoliter. Berechnet man den Verbrauch auf den Kopf der Bevölkerung, so ergiebt sich eine scheinbar geringe Menge von 4—5 Liter. Es liegt aber auf der Hand, dass auf einen wirklichen Branntweintrinker viel mehr Jahreskonsum als 4 oder 5 Liter kommt, denn bei jener Durchschnittsberechnung sind die vielen Millionen Kinder, Frauen und Männer einbegriffen, die von jeglichem Schnapsgenuss sich überhaupt fernhalten.

Früher als bei uns lenkte sich im Auslande die allgemeine Aufmerksamkeit auf die schädlichen Wirkungen des übermässigen Alkoholgenusses. Einige Aussprüche berufener Männer über den Einfluss der Trunksucht auf das Verbrechertum, sind nach dieser Richtung hin sehr bezeichnend, Joseph Kingsmill[1]), der Geistliche von Pentonville, sagte: „Von den 28 752 Personen, die in England 1849 von den Geschworenen abgeurteilt sind, waren ohne

---
1) vgl. Baer „Der Alkoholismus" S. 343.

Übertreibung 10 000 direkt oder indirekt durch die Schankhäuser in ihre traurige Lage gekommen; von den 90 963 summarisch Verurteilten war bei 50 000 Trunksucht ihrerseits oder seitens der Eltern die Ursache. Trunksucht ist ein ungeheures Unglück für ein Land .... Kein Laster füllt so die Armen-, Kranken-, Irren- und Gefangenhäuser mit den elenden Insassen .... In demselben Verhältnis, als das Gesetz den Verkauf spirituoser Getränke erleichtert, steigt die Zahl der Verbrecher." 1868 erklärte der damalige Lord-Kanzler von Irland Mr. Justice O'Hagan zu der grossen Jury in Monaghan [1]): „Die Fälle, die Ihnen vorgelegt werden, haben alle ihren Ursprung in der Unmässigkeit. Wenn das Volk in diesem Lande von diesem Laster frei wäre, kein einziger Fall würde Ihrer Entscheidung in diesen Assissen unterbreitet werden."

Ähnliche Stimmen finden sich in allen Ländern. Der Präsident der Gesellschaft für Gefängnis-Reform in der Schweiz, Dr. Guillaume[2]), erklärte 1872 bei einer Betrachtung über die verschiedenen Ursachen des Verbrechertums: „Eine andere Quelle von Verbrechen und Vergehen ist die Trunksucht, häufig mit anderen Excessen verbunden. Die Zahl der kleinen und grossen Verbrecher, die der Trunksucht ergeben sind oder unter dem Einfluss der berauschenden Getränke die That begangen haben, ist erstaunlich gross, sie bilden wenigstens 50 Proz. der Totalsumme der von den Männern begangenen Verbrechen — und dieses Verhältnis ist bei den Correktionellen grösser. — Behörden und Vereine mühen sich ab, dieses Laster zu bekämpfen, aber man ist noch sehr weit vom Ziel ... Was bei dem Laster der Trunksucht das Schlimmste ist, ist nicht die verbrecherische That, die sie direkt oder indirekt hervorruft, sondern vielmehr die moralische Erschlaffung, die sich nach und nach bei den Trinkern entwickelt und die, ohne von der hereditären Anlage zu sprechen, die den Kindern anhaftet, bei

---

1) vgl. Baer „Der Alkoholismus" S. 344.
2) vgl. Baer „Der Alkoholismus" S. 346.

ihnen selbst jedes Bewusstsein von den elementarsten Sittengesetzen vernichtet." In solchen Äusserungen tritt sehr scharf der grosse Krebsschaden des Alkoholismus hervor.

Im Allgemeinen gewinnt man den Eindruck, dass einerseits die Ursachen, welche auf die Criminalität gegen die Person und öffentliche Ordnung Einfluss haben, verschieden zu sein scheinen von denjenigen, welche im grossen und ganzen den Gang der Vermögensdelikte bestimmen, andererseits aber auch, dass die ersteren fortgesetzt und in hohem Masse an Bedeutung gewinnen. In Wirklichkeit ist jedoch eine solche Scheidung im strengsten Sinne durchaus nicht aufzulassen, denn zahlreiche Diebstähle werden ausgeführt, die nicht in einer materiellen Notlage des Verbrechers ihren Grund haben, hinwiederum giebt die gerade aus der Entbehrung entstehende Erbitterung in vielen Fällen den Anlass zu Körperverletzungen und anderen Gewaltthätigkeiten. Von höchstem Interesse ist aber vor allem die Frage, ob die erwähnte grosse Verbrechensursache, die Trunksucht, nicht in zahlreichen Fällen die Verarmung, das Hauptmotiv der Vermögenskriminalität, verschuldet und ob nicht umgekehrt das durch die Verarmung, durch die Erwerbslosigkeit geschaffene Elend in noch viel zahlreicheren Fällen zum Branntwein führt. Die gegenseitige Beeinflussung beider Momente besteht ausser allem Zweifel. Doch in welchem Masse dies geschieht, das entzieht sich jeder genauen Beweisführung. Die Thatsachen aber bestätigen es immer mehr, dass die Jahre des wirtschaftlichen Niedergangs nicht nur die Criminalität gegen das Vermögen in die Höhe treiben, sondern der Regel nach auch eine vermehrte Zunahme der übrigen Delikte zur Folge haben. Es gilt daher für uns als Wahrheit, dass der letzte Grund für die Ab- oder Zunahme der gesamten Criminalität zu suchen ist in dem Vorhandensein von Arbeitsgelegenheit und Verdienst und in dem Mangel hieran, in der Lage der einzelnen Erwerbzweige und in dem mehr oder minder starken Grade der hierauf beruhenden Consumfähigkeit unter den breiten Schichten der Bevölkerung.

Schlusswort.

Fassen wir am Schlusse unserer Betrachtungen die gewonnenen Resultate noch einmal kurz zusammen, so ist zu sagen, dass die Statistiker früherer Zeiten in der Lage waren, in eklatanter Weise einen Zusammenhang zwischen Getreidepreisen und Criminalität nachzuweisen. Konnte doch G. Mayr in Betreff Bayerns sogar den interessanten Ausspruch thun (vgl. G. Mayr, „Statistik der gerichtl. Poliz.", 1867 S. 42), dass in diesem Lande während der Periode 1835/61 so ziemlich jeder Sechser, um den das Getreide stieg, auf je 100.000 Einwohner je einen Diebstahl mehr hervorgerufen, während andererseits das Fallen des Getreidepreises um einen Sechser je einen Diebstahl bei der gleichen Zahl von Einwohnern verhütet habe, dass ferner bei einer jeden Preiserniedrigung ein Steigen der Verbrechen gegen die Person unverkennbar sei. Auf der anderen Seite aber konnte in der neueren Zeit in diesem Lande früher, in jenem später dargethan werden, dass hiervon sich erst geringere, dann immer grössere Ausnahmen zeigten, sodass von einer Regel nicht mehr die Rede sein konnte, und schliesslich schwand die volkswirtschaftliche Bedeutung der Getreidepreise nach dieser Richtung hin gänzlich. Statt dessen wurde im Auslande, vor allem zuerst in England, dann auch bei uns, bedingt durch das gewaltige Wachstum, das die in Handel und Industrie beschäftigten Klassen der Bevölkerung von Jahr zu Jahr erlebt haben, die allgemeine Lage des Erwerbslebens mehr und mehr ausschlaggebend für den Stand der Criminalität. Und auch in Preussen stehen Wirtschaft und Verbrechen heute in dem engsten Zusammenhang. Mehr als jemals beruhen nunmehr ein steigender

Wohlstand und ein Rückgang des Verbrechertums auf der Blüte des gesamten wirtschaftlichen Lebens, wie andererseits die Hauptursachen der Not, des Elends und der Zunahme der Criminalität unter den grossen Massen zu finden sind in der Beunruhigung des Erwerbslebens, in dem Rückgang der Aus- und Einfuhr, in Geschäftsverlusten und Krisen, in dem Mangel an Arbeitsgelegenheit, Produktionseinschränkung und damit Verkürzung des Arbeitsverdienstes und Arbeitslosigkeit.

Wie hat sich nun nach all' den Schwankungen nach oben und unten von Beginn bis zum Schlusse unserer Beobachtungsperiode die Criminalität in Preussen entwickelt? Können wir uns der Ansicht anschliessen, die in der Vergangenheit nur die „gute alte Zeit" erblickt, der Gegenwart aber den Stempel des „Sittenlosen" aufdrücken möchte? Fassen wir bei dieser Frage zuerst die Vermögensdelikte ins Auge! Da zeigt sich folgendes Verhältnis. Auf 100.000 Einwohner kommen Untersuchungen

im Durchschnitt der Jahre
1854—1860	362
1861—1870	323
1871—1878	301

Auf 100.000 strafmündige d. i. über 12 Jahre alte Einwohner kommen Verurteilte

im Durchschnitt der Jahre
1882—1886	514
1887—1891	508

Also nicht allein die frühere preussische Statistik, sondern auch die Reichscriminalstatistik nimmt bei den Criminaldaten über Preussen die Tendenz zur Abnahme an. Dies ist um so höher anzuschlagen, als die Bevölkerung im Laufe der letzten Jahrzehnte sicherlich nicht anspruchsloser und bedürfnisloser geworden ist. Vielmehr ist ganz entschieden das Gegenteil der Fall. Die Ansprüche an das Leben sind heute weit grösser als vor 30 oder 50 Jahren. Dafür hat, soweit die breiteren Schichten der Bevölkerung in Betracht kommen, allein schon die soziale Bewegung gesorgt. Dass trotzdem die Eingriffe in das fremde Vermögen fortgesetzt einen langsamen, aber stetigen Rückgang erfahren haben, ist daher umsomehr mit Freuden zu begrüssen und giebt durchaus keine Berechtigung dazu, von einer zunehmenden Demoralisation unseres Volkes nach dieser Richtung hin zu sprechen. Doch wie steht es mit den Delikten gegen die Person und gegen die öffentliche Ordnung? Auf 100.000 Einwohner kommen hier Untersuchungen:

I. bei den Delikten gegen die Person im Durchschnitt der Jahre
- 1854—1860: 91
- 1861—1870: 110
- 1871—1875: 125

II. bei den Delikten gegen die öffentl. Ordnung im Durchschnitt der Jahre
- 1854—1860: 51
- 1861—1870: 53
- 1871—1878: 76

Auf 100.000 strafmündige d. i. über 12 Jahre alte Einwohner kommen Verurteilte:

III. bei den Delikten gegen die Person im Durchschnitt der Jahre
- 1882—1886: 368
- 1887—1891: 428

IV. bei den Delikten gegen die öffentl. Ordnung im Durchschnitt der Jahre
- 1882—1886: 184
- 1887—1891: 198

Ein ganz anderes Bild! Eine deutliche Zunahme vom Anfang bis zum Schlusse unserer Beobachtungsperiode. Wir müssen uns aber vergegenwärtigen, dass ein guter Teil dieser Bewegung den Veränderungen und Ergänzungen in der Gesetzgebung, der Organisation der Behörden und der Statistik zuzuschreiben ist, worauf im Eingang ausführlich hingewiesen wurde. Dennoch aber kann nicht in Abrede gestellt werden, dass in der That seit Jahrzehnten eine stetige Zunahme vorhanden ist, am stärksten ausgeprägt bei den Delikten gegen die Person. Zu demselben Resultat gelangte hinsichtlich des Kantons Zürich A. Meyer in seiner Schrift über „die Verbrechen in ihrem Zusammenhang mit den wirtschaftlichen und sozialen Verhältnissen im Kanton Zürich". Auch in anderen Staaten findet sich mehr oder minder stark auftretend eine ähnliche Verschiebung in dem Zahlenverhältnis der einzelnen Deliktsgruppen zu einander, so z. B. gehen die Vermögensverbrechen in Frankreich im Laufe der letzten 60-70 Jahre um mehr als die Hälfte zurück, während die Verbrechen gegen die Person auf etwa derselben Höhe stehen geblieben sind. In dem Dezennium 1831/40 kommen daher dort auf 100 Vermögensverbrechen 39 Verbrechen gegen die Person, dagegen 1881/90: 92.

So erfreulich die Richtung ist, welche die Bewegung der Vermögensdelikte in sämtlichen Staaten, speciell in Preussen eingeschlagen und innegehalten hat, so kann man sich doch andererseits hieraus ein Bild von der grossen Gefahr machen, welche in stets wachsendem Masse das Verbrechertum, das sich gegen die Person, gegen die gesellschaftlichen und staatlichen Institutionen versündigt, für die heutige Gesellschaft in sich birgt.

Statistik:

I. England and Wales [1].

Jahrgänge	Verurteilte	Durchschnitt	Jahrgänge	Verurteilte	Durchschnitt	Jahrgänge	Verurteilte	Durchschnitt
1841	20.280		1861	13.879		1881	11.353	
1842	22.733		1862	15.312		1882	11.699	
1843	21.092	20.085	1863	15.799	14.887	1883	11.347	11.207
1844	18.919	(122)[2]	1864	14.706	(72)	1884	11.134	(43)
1845	17.402		1865	14.740		1885	10.500	
1846	18.144		1866	14.254		1886	10.686	
1847	21.542		1867	14.207		1887	10.338	
1848	22.900	20.805	1868	15.033	14.157	1888	10.561	10.035
1849	21.001	(120)	1869	14.340	(65)	1889	9.348	(36)
1850	20.537		1870	12.953		1890	9.242	
1851	21.597		1871	11.946		1891	9.055	
1852	21.304		1872	10.862		1892	9.607	
1853	20.576	21.295	1873	11.089	11.272	1893	9.797	9.452
1854	23.047	(116)	1874	11.509	(48)	1894	9.634	(32)
1855	19.971		1875	10.954		1895	9.169	
1856	14.737		1876	12.195		1896	8.855	(29)
1857	15.307		1877	11.942				
1858	13.246	13.565	1878	12.473	12.070			
1859	12.470	(70)	1879	12.525	(48)			
1860	12.068		1880	11.214				

1) Die Zahlen sind entnommen den Statisticals Abstracts for the United Kingdom.
2) Die in ( ) stehenden fünfjährigen Durchschnittszahlen sind von mir berechnet auf je 100.000 Einwohner.

Verbrechen: **II. Frankreich**[1]. Verbrechen:

Jahrgänge	gegen das Eigentum	Durchschnitt	gegen die Person	Durchschnitt	Jahrgänge	gegen das Eigentum	Durchschnitt	gegen die Person	Durchschnitt
1826	4.226		1.590		1861	2.479		1.756	
1827	4.442		1.571		1862	2.395		1.805	
1828	4.840	4.505	1.566	1.517	1863	2.194	2.203	1.730	1.768
1829	4.639		1.519		1864	1.995		1.756	
1830	4.388		1.340		1865	1.950		1.795	
1831	4.397		1.452		1866	2.145		1.844	
1832	4.434		1.728		1867	2.203		1.750	
1833	3.968	4.096	1 698	1.685	1868	2 171	2.033	1.756	1 683
1834	3.856		1.675		1869	1.966		1.724	
1835	3.826		1.871		1870	1.679		1.340	
1836	4.226		1.689		1871	1.956		1.659	
1837	4.688		1.641		1872	2.733		1.765	
1838	4.685	4.574	1.723	1.692	1873	2.735	2.479	1.776	1 765
1839	4.374		1 708		1874	2.690		1.797	
1840	4.896		1.697		1875	2.283		1.826	
1841	4.216		1.872		1876	2.109		1.922	
1842	3.803		1.743		1877	2 097	2.055	1.714	1.775
1843	3.976	4.007	1.876	1,788	1878	1.960		1.690	
1844	4.244		1.733		1879				
1845	3.798		1.718		1880				
1846	4.063		1.614		1881	1.750		1.608	
1847	4 580		1.695		1882	1.978		1.666	
1848	3.287	3.739	1.663	1.871	1883	1 717	1.720	1.582	1.600
1849	3.386		2.064		1884	1.647		1.629	
1850	3.481		2.317		1885	1.617		1.518	
1851	3.437		2.330		1886	1.745		1.507	
1852	3.725		2.125		1887	1.712		1.452	
1853	3.850	3.733	1.984	1.974	1888	1.673	1.660	1.453	1.434
1854	4.168		1.756		1889	1 576		1.374	
1855	3.485		1.675		1890	1.596		1.386	
1856	3.197		1.768						
1857	3,005		1.714						
1858	2.636	2.690	1.980	1.821					
1859	2.360		1.918						
1860	2.252		1.725						

[1] Die Zahlen von 1826--1878 sind entnommen v. Oettingen, „Moralstatistik" S, LIV, von 1880 ab den „Comptes généraux de l'administration de la justice criminelle en France et en Algerie présentés au président de la république par le garde des sceaux, ministre de la justice.

III. Österreich [1]).

Jahrgänge	Verbrecher	Durchschnitt	Jahrgänge	Verbrecher	Durchschnitt
1866	31.171		1881	33.469	
1867	32.253		1882	32.092	
1868	33 699	32 869	1883	30.359	31.475
1869	34.209		1884	30 592	
1870	33.016		1885	30.865	
1871	24.420		1886	29.706	
1872	26.374		1887	28.745	
1873	28.405	26.953	1888	28.112	28.834
1874	26.399		1889	28.516	
1875	29.165		1890	29.090	
1876	31.279		1891	28.433	
1877	32.755		1892	30.867	
1878	31.469	31.427	1893	28.498	29.483
1879	29 046		1894	30 133	
1880	32.588				

1) Die Zahlen sind entnommen den „Ergebnissen der Strafrechtspflege in den im Reichsrate vereinigten Königreichen und Ländern", bearbeitet von dem Büreau der K. K. Statistischen Central-Commission unter Mitwirkung des K. K. Justiz-Ministeriums.

Vita.

Natus sum Henricus Guilelmus Müller a. d. XII Kal. Novembris a. h. s. LXXII in vico quodam in Saxonia provincia sito, cui nomen est Lockstedt, patre Henrico, matre Wilhelmine e gente Banse, quos superstites esse valde gaudeo. Fidei addictus sum evangelicae. Primis litterarum elementis domi institutus gymnasii Neuhaldenslebensis discipulis adscriptus sum. Novem annos in scholis versatus cum tempore paschali anni h. s. LXXXXIV testimonium maturitatis adeptus essem, universitatem Halensem adii et per septem semestria studiis operam dedi philosophis jurisque.

Docuerunt me viri doctissimi clarissimique Brode, de Brünneck, de Calker, Conrad, Diehl, Endemann, Erdmann, Fitting, Friedberg, Haym, Heck, de Heinemann, Husserl, Lastig, de Liszt, Loening, Rosenfeld, Schenck, Schultze, Schwarz, Sommerlad, Stammler.

His omnibus optime de me meritis, praecipue Joh. Conrad, qui clementissimis consiliis me semper adjuvit, gratiam habeo semperque habebo.